广视角 · 全方位 · 多品种

权威 · 前沿 · 原创

皮书系列为
“十二五”国家重点图书出版规划项目

产业安全蓝皮书

BLUE BOOK OF INDUSTRIAL SECURITY

中国烟草产业安全报告（2014）

ANNUAL REPORT ON CHINA'S TOBACCO INDUSTRIAL SECURITY (2014)

主　编 / 李孟刚　杜秀亭

社会科学文献出版社
SOCIAL SCIENCES ACADEMIC PRESS (CHINA)

图书在版编目(CIP)数据

中国烟草产业安全报告. 2014/李孟刚，杜秀亭主编. —北京：社会科学文献出版社，2014.1

(产业安全蓝皮书)

ISBN 978-7-5097-5575-4

Ⅰ.①中… Ⅱ.①李… ②杜… Ⅲ.①烟草工业-安全-研究报告-中国-2014 Ⅳ.①F426.89

中国版本图书馆CIP数据核字(2014)第012579号

产业安全蓝皮书

中国烟草产业安全报告(2014)

主　　编／李孟刚　杜秀亭

出 版 人／谢寿光
出 版 者／社会科学文献出版社
地　　址／北京市西城区北三环中路甲29号院3号楼华龙大厦
邮政编码／100029

责任部门／经济与管理出版中心(010)59367226
责任编辑／张景增　蔡莎莎
电子信箱／caijingbu@ssap.cn
责任校对／李　红
项目统筹／恽　薇　蔡莎莎
责任印制／岳　阳
经　　销／社会科学文献出版社市场营销中心(010)59367081　59367089
读者服务／读者服务中心(010)59367028

印　　装／北京季蜂印刷有限公司
开　　本／787mm×1092mm　1/16
印　　张／17
版　　次／2014年1月第1版
字　　数／209千字
印　　次／2014年1月第1次印刷
书　　号／ISBN 978-7-5097-5575-4
定　　价／69.00元

本书受教育部专项任务“中国产业安全指数研究”（项目编号：B09C1100020）资助

产业安全蓝皮书学术委员会

学术委员会主任 张国祚 中国文化软实力研究中心主任、教授

副 主 任 李孟刚 中国产业安全研究中心主任、教授

学术委员会委员 （按照姓氏拼音排序）

何维达 北京科技大学经济管理学院教授

黄石松 北京市人大常委会副秘书长、研究室主任

季晓南 国务院国有重点大型企业监事会主席

金 碚 中国社会科学院工业经济研究所所长、研究员

雷涯邻 中国地质大学（北京）副校长、教授

李朴民 国家发展和改革委员会秘书长

任兴洲 国务院发展研究中心市场经济研究所所长、研究员

王 灏 北京首都创业集团有限公司党委副书记、副董事长、总经理

王稼琼 首都经济贸易大学校长、教授

吴晓求　中国人民大学金融与证券研究所所长、教授
叶茂林　中共北京市委教育工作委员会委员、北京市教育委员会副主任
于文明　国家中医药管理局副局长

课题实施单位 北京交通大学中国产业安全研究中心

课 题 组 组 长 李孟刚

课题组副组长 杜秀亭 王含春

成　　　　员 （按照姓氏拼音排序）

李 娟 李文锐 李晓光 连 莲 塔 琳

唐 石 肖 丽 叶旭亭 赵金洁 郑康宁

执　　　　笔 （按照姓氏拼音排序）

杜秀亭 王含春 肖 丽 郑康宁

专 家 顾 问 （按照姓氏拼音排序）

蔡建文 董晓民 关忠良 李文兴 王金亮

审　　　　稿 杜秀亭 王含春

主编简介

李孟刚 男，1967年4月出生，山东省博兴县人，中共党员；经济学博士，交通运输工程和理论经济学双博士后；北京交通大学教授、博士生导师、国家社科基金重大招标项目首席专家、新华社特约经济分析师、国家社科基金评审专家、中国博士后科学基金评审专家。

现任北京交通大学中国产业安全研究中心（CCISR）主任，大连理工大学北京研究院首席专家，北京印刷学院文化产业安全研究院院长；兼任中国产业安全论坛秘书长、《管理世界》常务编委、《北京交通大学学报》（社会科学版）编委会委员。2009年12月入选教育部新世纪优秀人才支持计划。

博士学位论文《产业安全理论的研究》入选“2009年全国优秀博士学位论文提名论文”；专著《产业安全理论研究》（经济科学出版社，2006）先后获得2008年度第十届北京市哲学社会科学优秀成果奖（省部级）二等奖、2009年度高等学校科学研究优秀成果奖（人文社会科学）二等奖；主编《产业经济学》并由高等教育出版社作为研究生教材出版，2011年被评为“北京高等教育精品教材”。2013年论文《“小土豆”如何办成“大产业”？——西部地区落实十七大精神加强新农村建设的有效产业支撑》获得第六届高等学校科学研究优秀成果奖（人文社会科学）二等奖。

在《光明日报》（理论版）等权威学术报刊发表论文80余篇，多篇被《新华文摘》、人大《复印报刊资料》全文转载；主持或参与撰写的高水平内参报告获得党和国家领导人的专门批示，相关政策建议多次被有关部委采纳。

作为首席专家主持国家发改委“十二五”规划前期重大研究课题——“我国‘十二五’粮食安全保障体系构建研究”；2008年作为首席专家中标国家社科基金重大招标项目——“应对重大自然灾害与构建我国粮食安全保障体系对策研究”；主持的国家级、省部级科研课题还有国家社科基金重点课题、中国博士后科学基金特别资助项目、国家商务部部级课题、教育部重大研究专项课题、中国保险监督管理委员会部级课题等。

杜秀亭 男，1965年11月出生，中共党员，管理学博士。在烟草行业先后从事科技、信息化等研究与管理工作。参与或主持完成科技创新项目、软科学课题研究9项。在国内期刊发表论文10多篇，在国际会议发表论文1篇，其中《内蒙古烟草现代物流系统优化研究》获得内蒙古自治区科学技术进步二等奖。

摘　要

在经济全球化和区域经济一体化迅猛发展的21世纪，产业安全已经成为世界各个国家面临的共同课题。烟草行业是一个极其特殊的行业。中国烟草行业是我国国民经济中重要的产业。烟草税收是中国财政收入的大项。烟草专卖制度是目前我国烟草产业的基本制度，其核心是“统一领导、垂直管理、专卖专营”。自2001年中国正式成为世贸组织成员后，世界各国对中国烟草市场提出了诸多要求，开放烟草市场已成为必然发展趋势。中国烟草产业的安全关乎国家根本利益。中国正式承诺履行WHO条款以来，社会性控烟趋势日益明朗，烟草市场推广受到了极大的限制。中国烟草产业连续10年税利增长带来的再增长压力等，激化和放大了烟草产业的安全隐患，甚至催生了很多新的烟草产业安全问题。中国烟草产业的发展面临着严峻的挑战。

本报告总结了2012年中国烟草产业的总体发展情况；对烟草产业安全内涵进行了界定，研究了烟草产业安全的特点；并以烟草产业的健康持续发展为研究主线，基于产业安全的基本理论和评价方法，科学地设定了烟草产业评价的基本指标体系，构建了GEM－AHP的烟草产业评价模型，形成烟草产业安全理论体系。

本报告从中国烟草产业发展的环境状况、中国烟草产业的国际竞争力、中国烟草产业的对外依存度、中国烟草产业的控制力以及中国烟草产业的未来发展潜力各方面进行了研究，指出中国烟草产业存在的安全问题主要体现在以下方面：一是产业市场集中度偏

低，缺乏大型跨国烟草公司；二是产品结构不合理，缺乏国际知名卷烟品牌；三是与国外相比，烟草科技水平仍存在较大差距；四是国际市场竞争力具有较明显的劣势；五是假烟制售与卷烟走私依然屡禁不止等。在经济全球化迅猛发展的今天，上述问题已严重影响了中国烟草产业总体竞争力的提升和国际化发展的步伐。

为保障和维护中国烟草产业的安全，着实提高中国烟草产业的总体竞争力，本报告提出以下应对措施：一是培育大型跨国烟草企业集团；二是积极实施品牌发展战略，加快主导卷烟品牌培育；三是完善市场机制，构建新型烟草市场体系；四是推行现代企业制度，建立和完善法人治理结构；五是实施国际化战略，加快“走出去”步伐；六是继续加大打假打私工作力度，为烟草产业发展创造良好的市场环境。

本报告还从产业安全理论研究现状和国内外烟草产业安全的发展研究现状两个层次展开了梳理。在产业安全理论方面，归纳了国内外学者在产业安全概念的界定、产业安全问题的成因及影响因素，以及产业安全调节对策建议三方面的研究现状；在国内外烟草产业安全的发展研究现状方面，对世界烟草产业安全的发展研究现状进行了综述，对欧盟、美国、日本烟草业的发展进行了比较研究，为中国烟草业发展提供了很好的经验；在中国烟草产业安全的发展与研究方面，对烟草行业发展和改革、烟草行业政府管制和烟草行业安全发展策略与产业竞争力三方面的研究进行了回顾与总结。

Abstract

With the rapid development of economic globalization and regional economic integration in the 21st century, industrial security has become an issue all the countries in world must face. The tobacco industry is a very special industry. The tobacco industry is an important industry in the national economy of our country. Tobacco tax is a major source of China's fiscal revenue. The basic system of tobacco industry in China is basically monopolistic, whose core principles are "unified leadership, vertical management, distribution monopoly". Since China officially became a member of the WTO in 2001, it has become subject to many requirements from different countries in the world. Opening China's tobacco market has become inevitable. China's tobacco industry security matters to the fundamental interests of the country. In August 2005, China ratified the WHO Framework Convention on Tobacco Control. It is becoming a clear trend to reduce tobacco use, and tobacco marketing has been greatly restricted. The pressure to sustain the growth of taxes and profits over 10 years, intensified and magnified the potential safety hazard of the tobacco industry, and has even given rise to many new tobacco industry security risks. The development of China's tobacco industry faces severe challenges.

This report summarizes the overall development of China's tobacco industry in 2012. It defines the meaning of tobacco industry security, and studies the features of tobacco industry security. With the goal of the healthy and sustainable development of the tobacco industry as its basic premise, the report establishes a basic index system, and constructs a

GEM-AHP evaluation model of tobacco industry based on the basic theory of industrial security and evaluation method, thereby it forming a theoretical system of tobacco industry security.

State of the development environment, international competitiveness, foreign dependence, industry control, as well as the future development potential of China's tobacco industry are analyzed in the report. According to the report, the main security problems facing China's tobacco industry include: (1) Market concentration ratio is low and large multinational tobacco conglomerates are lacking; (2) Product structure is irrational and well-known international brands of cigarettes are lacking; (3) Tobacco technology is still less developed compared with other countries; (4) Competitiveness in the international market is low; (5) Cigarette counterfeiting and smuggling still exist. With the rapid development of economic globalization, these problems have seriously affected the overall competitiveness and the pace of international development of China's tobacco industry.

The measures proposed in this report for maintaining industry security of China's tobacco industry are as follows: (1) Cultivating large multinational tobacco conglomerates; (2) Actively implementing brand development strategy, and developing leading cigarette brands; (3) Gradually improving market mechanism and constructing a new tobacco market system; (4) Implementing modern enterprise systems, as well as establishing and improving the corporate governance structure; (5) Implementing international strategy, and accelerating the pace of "going global"; (6) Continuing efforts to fight counterfeiting and smuggling, so as to create a favorable market environment for the development of tobacco industry.

The report also provides analysis on two issues: current research on industry security theory and on the situation of tobacco industry security domestically and abroad. In terms of industry security theory, the report identified three areas of research, which are the concept of industry security, the causes and factors influencing industry security, and industry security regulation suggestions. In terms of the security situation of tobacco industry in China and abroad, the report reviews the status of current research and development of tobacco industry security in the world. By comparative studies with EU, U. S. , and Japan's tobacco industry, the report provides good lessons for the development of China's tobacco industry. In terms of development and research of China's tobacco industry security, the report conducts a review and summary of the tobacco industry in three areas: the development and reform, government regulation of the tobacco industry, and tobacco industry security strategies and industrial competitiveness.

目 录

𝔹 Ⅰ 总报告

𝔹 Ⅱ 理论篇

𝔹 Ⅲ 实证篇

BⅣ 国际篇

BⅤ 附录

皮书数据库阅读**使用指南**

CONTENTS

B I General Report

B II Theoretical Report

B III Empirical Report

ⅣB International Report

B V Appendix

总 报 告

General Report

B.1 中国烟草产业总体运行状况及趋势

摘　要：

2012年，我国烟草产业运行总体发展态势平稳，发展势头良好，烟草产业保持较高景气指数，卷烟产量与销量稳中有增，卷烟零售价格指数稳定，卷烟进出口有明显增长。未来烟草业的发展要更加注重技术创新，培育国际知名大品牌，促进烟草企业的集团化发展。

关键词：

烟草产业　运行　趋势

一　中国烟草产业安全研究的时代背景和重要意义

在经济全球化和区域经济一体化迅猛发展的21世纪，产业安全已经成为世界各国面临的共同问题。因为经济全球化不仅通过贸易的全球化加剧了全球产业的竞争，使各种传统的民族产业面临国际市场的冲击，更为重要的是，它还通过生产的全球化和金融的全球化从根本上改变了传统的国际分工格局，使各国的内部分工模式、产业链以及相应的产业生态环境发生了革命性的变化。很多国家，在经济全球化的冲击下，不仅丧失了经济发展的正常的产业链条和产业生态，而且还丧失了对有关国计民生的重大产业和核心技术的控制权。产业安全已经成为制约这些国家经济发展的核心问题。

烟草是一个极其特殊的产业。目前我国明确实行国家专卖制度的只有烟草产业。这主要是因为烟草中含有不利于身体健康的成分，且具有顽固成瘾性，但烟草又是人们日常生活中不可或缺的一项重要产品。因此，烟草业一方面能满足消费者的需求，另一方面又不能无限制地发展。国家对烟草实行高价重税、“寓禁于征”的政策，其结果导致烟草制品成为高税商品，烟草税收成为国家财政收入的重要来源之一。烟草业是我国国民经济中重要的贡献性产业，烟草税收是中国财政收入的大项；同时，烟草又提供了可观的就业机会，是不少人生计的主要来源。

2001 年中国加入世界贸易组织以后，中国烟草产业就不可避免地加入到世界市场中去，在享受其中便利的同时，也必须承担相应的责任和义务。加入 WTO 前后，中国烟草产业陷入“狼来了”的惊恐。十多年过去了，中国烟草产业虽然表面还没有受到太大的冲击，但是加入 WTO 对中国烟草产业的影响却是实实在在的。除了相关法律法规的修改、废止、增加和完善外，中国烟草产业组织正在朝着国际化的方向进行着脱胎换骨的变化，同时，中国烟草管理体制、专卖专营体制和各市场主体的利益关系正朝着顺应国际化潮流、符合 WTO 规则的方向努力地改进和完善。具体表现在国家烟草专卖局以实施工商管理体制分开为突破口，积极稳妥地推进烟草行业改革，取得了突破性进展。一是省级烟草机构工商管理体制分开，着力打破烟草市场地区封锁；二是推进卷烟工业企业和品牌结构的战略性调整，大力培育“十多个重点企业”和“十多个重点品牌”；三是转变各层级烟草公司的职能定位，建立健全中国烟草统一的分销机构；四是理顺行业资产管理体制，建立完善的公司法人治理结构；五是改革卷烟交易方式，实行按客户订单组织货源和组织生产等。通过一系列的改革，中国烟草总体竞争实力迅速提高，发展速度领先于国际跨国烟草公司。

然而，中国是一个烟草大国，但同时又是一个烟草弱国。中国烟草产、销量均占世界的 30% 以上，但中国烟草却缺乏国际竞争力。目前中国还没有一个巨型跨国烟草公司，也鲜有国际知名的卷烟品牌，中国烟草产业“大而不强”是不争的事实。从国际烟草业范围来看，中国烟草产业不能影响更不能代表国际烟草业的走向。烟草企业没有国际品牌产品以及不能形成规模经济是中国作为烟草产业大国不能成为烟草经济强国的重要原因。

随着中国特色社会主义市场经济体制的不断完善和对外开放的不断扩大，面对烟草产业的国内市场国际化、竞争对手多样化、竞争含义多元化、竞争内容多向化的格局，烟草产业发展面临的风险性和不确定性大大增加。如何在市场竞争中保持独立的产业地位和产业竞争优势，以及中国烟草业现有的措施是否可以从容应对未来的产业安全问题成为当前迫切需要解决的课题。但是，对于烟草产业而言，产业安全研究目前仍是一个空白，尚未形成理论体系。虽然一些学者也进行了一些研究，但大多是从市场结构、产业规制、品牌发展、企业管理等微观方面开展的。为确保烟草产业真正意义上的安全，必须开展对烟草产业安全问题的研究，建立烟草产业的安全体系，并进行必要的安全评估与预警，保障中国烟草产业健康发展。

二　2012年中国烟草产业运行总体状况

（一）总体发展态势平稳，发展势头良好

受国际金融危机的后续影响作用，全球经济不景气，经济增速放缓，国际环境充满了不确定性。我国2012年宏观经济总体保持平稳发展，但经济发展中不平衡、不协调、不可持续的矛盾和深层次的问题比较突出。确保经济平稳发展，实现“软着陆”是宏观经济运行的目标。在宏观经济下行压力下，遵循国家烟草专卖局（以下简称国家局）“控总量、调结构、降库存、稳价格”的基本指导方针，2012年，行业累计生产内销卷烟4982.98万箱，比上年同期4849.08万箱增加133.9万箱，增长2.76%。累计完成销量4945.02万箱，比上年同期4827.73万箱增加117.29万箱，增长2.43%。累计销售收入11498.6亿元，比上年同期10111.37亿元增加1387.23亿元，增长13.72%。行业累计实现税利8649.39亿元，比上年同期7469.76亿元增加1179.63亿元，增长15.79%。其中工业税利5999.53亿元，同比增长17.96%；商业税利2718.77亿元，同比增长12.97%。累计实现利润2437.49亿元，比上年同期2118.98亿元增加318.51亿元，增长15.03%。其中工业利润1034.34亿元，同比增长27.69%；商业利润1481.08亿元，同比增长10.55%。烟草产业经济运行质量和效益进一步提高。

（二）烟草制造业保持高景气值

近年来我国烟草制造业总体上保持较高的景气值。从图 1 可看出，2003 年至今，总体上保持较高的景气值，景气指数在波动中提高，2005 年前还在 160 上下徘徊，从 2005 年开始景气值稳中有升，基本都在 160 以上。从图 2 可看出，2011 年第 3 季度烟草行业景气指数更是达到 185. 2，创下了 2010 年以来的历史最高点。但从 2011 年第 4 季度开始，烟草制造业景气值有所下降。究其原因，主要是受国家宏观经济运行形势下行的影响，制造业景气指数也有所回落。

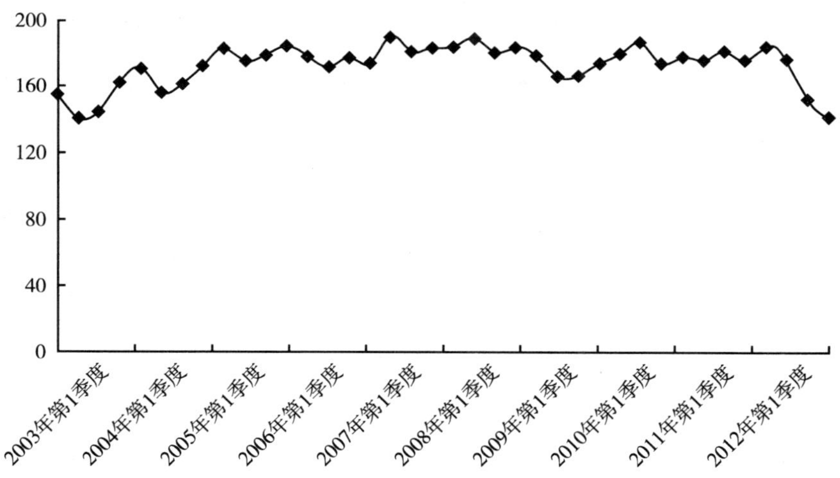

图 1　2003 ~ 2012 年烟草制造业企业景气指数趋势

资料来源：前瞻网。

从图 3 整个制造业的景气指数看，2010 ~ 2012 年第 2 季度，烟草制造企业景气值普遍高于制造业企业景气值，且烟草是制造业中景气度较高的行业。

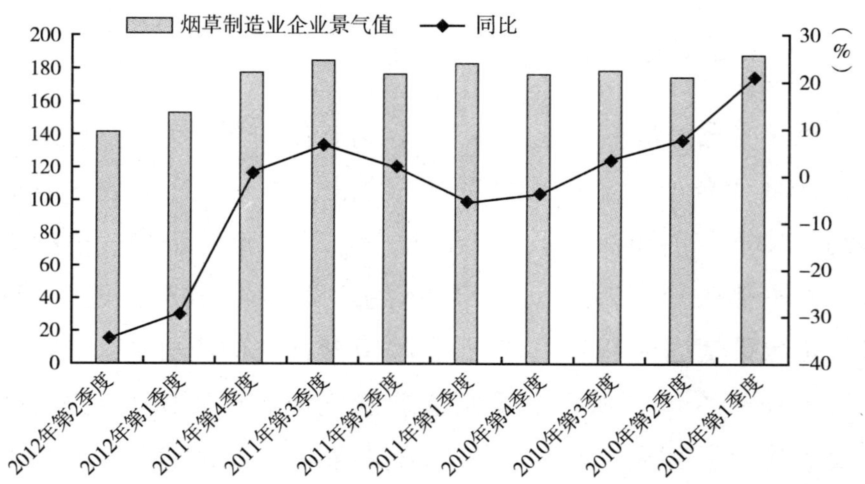

图 2　烟草制造业企业景气指数

资料来源：根据前瞻网数据绘制。

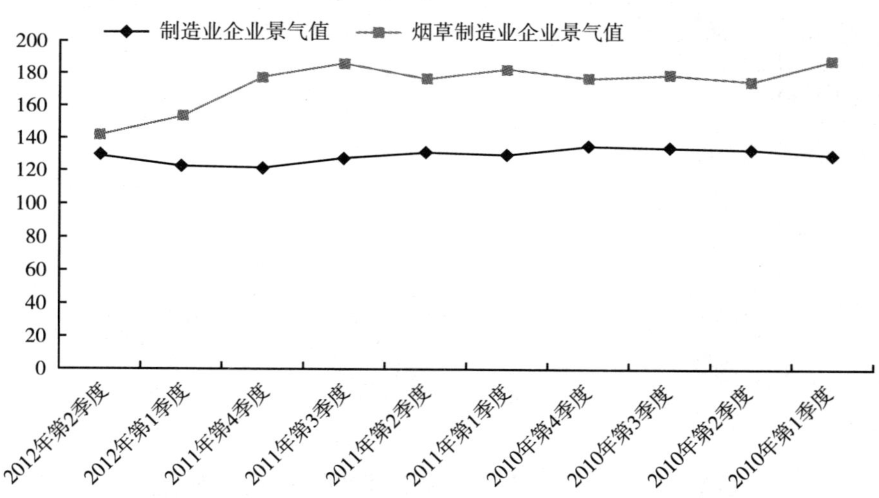

图 3　制造业与烟草制造业企业景气指数比较

（三）卷烟产量稳中有增

2012 年上半年，全国卷烟产量达到 13106.83 亿支，同比增长

1.84%；全国卷烟销售2629.97万箱，同比增长2.81%。2012年全年，我国生产卷烟25186.96亿支，同比增长2.91%。

分季度看（如图4所示），2012年1～3月，全国卷烟产量达7229.97亿支，同比增长6.06%，高于上年同期2.84个百分点。4～6月，全国卷烟产量达5876.86亿支，同比下降3.24%。2012年上半年，全国卷烟产量达13106.83亿支，同比微增1.84%，增速比上年同期低2.26个百分点。2012年7～9月，卷烟产量有所增加，共生产卷烟6595.99亿支，比上季度增加719.13亿支，比上年同期增加146.64亿支。具体看来，7月、8月、9月我国卷烟产量分别为1918.61亿支、2046.22亿支、2631.16亿支，同比依次增长1.58%、2.23%、3.04%。2012年4季度，生产卷烟5457.95亿支，较第3季度减少1138.04亿支，产量稍有回落，但较上年同期有所增加。2012年全年，我国生产卷烟25186.96亿支，同比小幅增长2.91%。具体看来，10月、11月、12月我国卷烟产量分别为1792.87亿支、2334.76亿支、1330.32亿支，同比依次增长7.27%、1.57%、11.75%。[①] 总体上看，我国卷烟

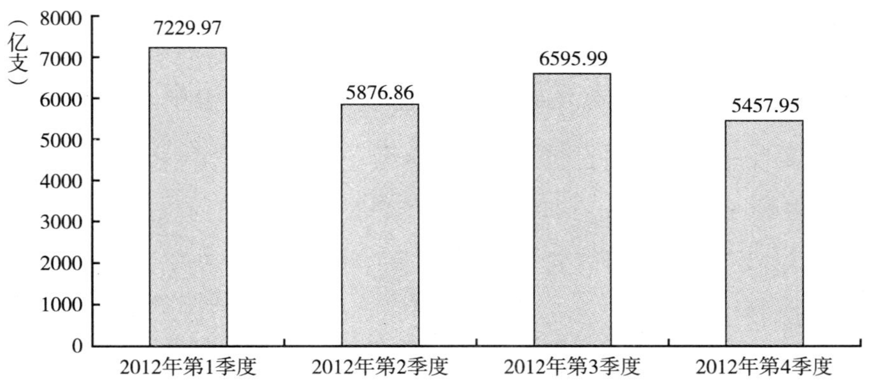

图4　2012年各季度卷烟产量

① 《中国烟草行业分析报告》季度报告。

产量稳中有增，烟草产业总体保持良好态势。

从各省份2012年1~8月生产的卷烟数量来看，云南省居第一位，2012年1~8月云南卷烟产量达到2531.7亿支，同比增长0.53%，湖南、河南、山东、广东紧随其后，卷烟产量分别为1265.39亿支、1155.35亿支、951亿支、942亿支。①

（四）卷烟销量稳步增长

2012年上半年全国销售卷烟2629.97万箱，同比增长2.81%。27个重点品牌销量1946.48万箱，同比增长15.87%，占卷烟总销量的比重为74%，同比上升8.3个百分点。有5个品牌销量超过100万箱，其中4个超过150万箱；有10个品牌商业批发销售收入超过200亿元，其中4个超过400亿元。② 2012年10月，行业完成卷烟销量1852.5亿支（370.5万箱），同比增长0.8%。1~10月，行业累计完成卷烟销量21428.5亿支（4285.7万箱），同比增长2.4%。一至三类卷烟销量继续保持了较快的发展，一、二、三类卷烟销量同比分别增加125.8万箱、69.6万箱和362.0万箱，一类烟销量占行业总销量的比重达到了15.6%，同比提高了2.6个百分点。一至三类卷烟合计销量占行业总销量的比重上升到69.1%，同比提高了11.6个百分点。行业卷烟单箱商业含税批发销售收入达到23420.0元，比上年同期增加2423.0元。③ 1~12月，行业累计完成销量4945.02万箱，比上年同期4827.73万箱增加117.29万箱，增长2.43%。

从烟草制品销售种类看，随着消费者更加注重健康，烟草制

① 《2012年1~8月中国各省份卷烟产量数据统计》，慧典市场研究报告网。

② 《2012年上半年中国卷烟产量微增》，烟草在线网。

③ 《2012年10月份烟草行业经济运行情况》，中国经济网。

造业也更加侧重提高产品质量，低焦油含量的卷烟产销量持续增长。从产销规模看，重点品牌低焦油卷烟的产销量均超过440万箱，产销规模均达到低焦油卷烟总量的80%以上。其中，重点品牌占焦油量每支6毫克及以下卷烟总产量的98%，销量约占90%。[①]

从表1销售品牌排名看，2012年1～10月，焦油量每支8毫克及以下品牌销量排名分别为长白山、黄鹤楼、兰州、红金龙、雄狮、双喜、红塔山、中南海、七匹狼、云烟；而焦油量每支6毫克及以下品牌销量排名分别为中南海、黄鹤楼、七匹狼、长白山、南京、双喜、红金龙、钻石、泰山、利群。

表1　低焦油卷烟销量排名

序号	品　牌	
	焦油量每支8毫克及以下	焦油量每支6毫克及以下
1	长白山	中南海
2	黄鹤楼	黄鹤楼
3	兰　州	七匹狼
4	红金龙	长白山
5	雄　狮	南　京
6	双　喜	双　喜
7	红塔山	红金龙
8	中南海	钻　石
9	七匹狼	泰　山
10	云　烟	利　群

资料来源：烟草在线网，2012年1～10月份低焦油卷烟产销情况。

① 《2012年1～10月低焦油卷烟产销情况》，烟草在线网。

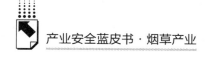

（五）卷烟零售价格指数稳定

从近几年全国卷烟零售价格指数看，2010 年与 2011 年全国卷烟市场价格基本稳定，参见图 5。从每月情况看，2011 年卷烟条均零售价格指数保持在 98 以上，2010 年卷烟条均零售价格指数只有 5 月低于 98，其余月份也始终保持在 98 以上，价格指数总体上没有出现大起大落，市场价格基本稳定。

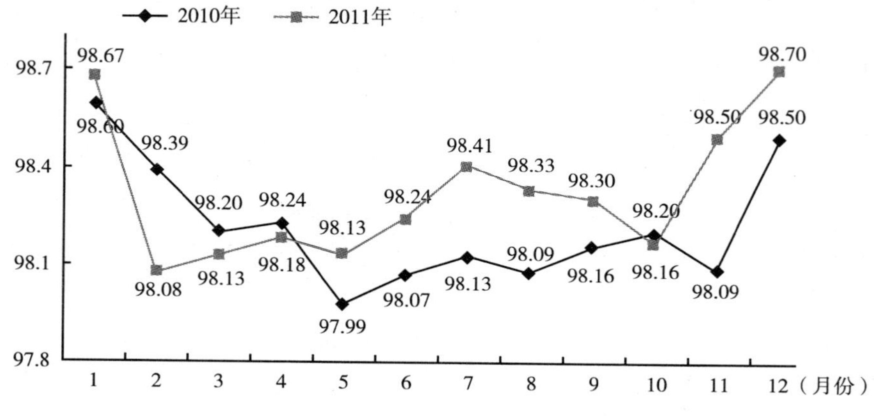

图 5　2010 年与 2011 年卷烟条均零售价格指数

资料来源：《2011 年全国卷烟市场大盘点》，烟草在线网。

（六）卷烟进口增幅不大

2012 年全年，我国卷烟进口量为 1909 万条，同比下降 3. 3%；进口额为 7502 万美元，同比下降 3. 6%。

2012 年 1～3 月，我国纸烟进口量达到 178 万条，同比增长 23. 6%；进口额为 676. 3 万美元，同比增长 22. 4%。4～6 月，我国纸烟进口量达到 690 万条，同比下降 1. 57%；进口额为 2765. 9 万美元，同比下降 0. 76%。7～9 月，我国卷烟进口量、进口额分

别为 501 万条、1988.6 万美元，较第 2 季度分别减少 189 万条、777.3 万美元，其中 7 月、8 月的进口量为当年 3 月以来的最低水平（见图 6）。10～12 月，我国卷烟进口量、进口额分别为 539 万条、2072.1 万美元，较第 3 季度分别增加 38 万条、83.5 万美元，其中 12 月份的进口量和进口额增速为全年最低值。①

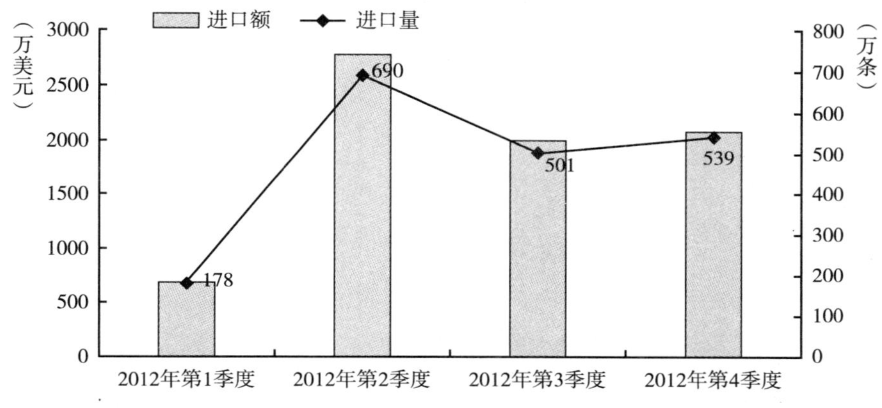

图 6　2012 年各季度卷烟进口额与进口量变化趋势

（七）卷烟出口额增速明显

为了加快烟草企业“走出去”的步伐，我国烟草公司积极开拓国际市场。从表 2 数据看，2012 年第 1 季度卷烟出口量与出口额相对较少，尤其是 2 月份，占全年出口总量和出口总额的比重最低。第 2 季度出口额增速明显提高，烟草企业积极开拓海外市场，卷烟出口额同比增速明显提高。第 3 季度卷烟出口量与出口额波动较大，7 月份和 9 月份的出口量分别为 679.39 万条和 814.24 万条，相对较少。进入第 4 季度，卷烟出口量和出口额逐月回升，出口量

① 《中国烟草行业分析报告》季度报告。

由10月份的690万条升至12月的2556万条，相应的出口额也逐月回升，由10月份的1578.4万美元升至12月份的10259.5万美元，当季实现出口量、出口额分别为4671万条、17780.2万美元，较第3季度分别增加1888万条、7546.3万美元。[①]

表2　2012年各月卷烟出口额与出口量

时　间	出口量(万条)	出口额(万美元)
2012年1月	582.11	1446.2
2012年2月	189.51	484.0
2012年3月	757.18	2579.2
2012年4月	852.14	3429.4
2012年5月	1136.31	3739.1
2012年6月	1202.53	5300.2
2012年7月	679.39	2092.2
2012年8月	1290.53	5872.8
2012年9月	814.24	2268.9
2012年10月	690.11	1578.4
2012年11月	1425.73	5942.3
2012年12月	2556.50	10259.5

三　中国烟草产业的未来发展趋势

（一）技术创新引领烟草产业发展

科学技术是第一生产力，尤其是在当前科技引领未来、创新推动发展的时代，技术创新凸显其重要性。面对全球控烟不利于烟草业发展的形势，人们越来越多地考虑自己的身体健康，这也对烟草

① 《中国烟草行业分析报告》季度报告。

制品提出了挑战，如何使烟草制品最大限度地降低焦油含量，将其对人体健康的伤害控制在最小范围内，给烟草产业发展提出了挑战。技术创新是解决这些问题的重要出路之一，是实现烟草产业可持续发展的源泉。只有提升技术创新能力，提高产品质量，才能够真正对烟草产业发展起到重要的指引作用。

要提高烟草产品的质量，必须要加大对烟草产品的研发力度，依靠科技进步和创新，不断提高卷烟的质量。研究表明，烟草对人类健康危害的成分主要在于焦油，所以要围绕降低焦油含量和降低危害方面开展技术创新，加大科技投入，突破一批制约行业发展的关键技术瓶颈，引进与培育优良的品种，从卷烟调香上下功夫，开拓特色工艺，实现卷烟减害降焦。提高生产设备的技术水平，提高劳动生产率。建立完整配套的科研体系，加强烟草研究院的建设，鼓励烟草企业与科研院所协同合作，攻关科技重大专项，突破成果转化的瓶颈，通过产、学、研合作的模式，加快实现科研成果的转化。构建完善的行业产品质量检测监督体系和行业标准体系，实现系统内信息的共享。培养高层次的研究型创新人才，并引进人才、培养人才、合理利用人才，充分发挥其聪明才智，致力于烟草领域的科学研究，占领烟草领域研究的制高点，为全面提高中国烟草整体竞争实力提供强有力的科技支撑。除了技术创新，还要注重保护烟草领域的知识产权，对专利技术进行产权保护。完善产品质量检测监督体系，建立产品质量安全风险防范预警机制。

（二）品牌培育是烟草产业发展的关键

2001 年，国家局公布了 36 个全国名优卷烟品牌目录；2002 年国家局提出要培育“大市场、大企业、大品牌”；2004 年，国家局公布《卷烟产品百牌号目录》；2006 年，国家局出台《中国卷烟品牌发展纲要》，提出“两个十多个”的战略构想，着力培育十多个全国重点骨干品牌。

2008年，国家烟草专卖局首次提出了确立全国性重点骨干品牌的品牌培育思路。同年7月3日，《全国性卷烟重点骨干品牌评价体系》出台，在百牌号的基础上评选出中华、云烟、芙蓉王、玉溪、白沙、红塔山、苏烟、利群、红河、黄鹤楼、七匹狼、黄山、南京、双喜、红双喜、红梅、娇子、黄果树、真龙、帝豪20个全国重点骨干品牌。同时为进一步支持混合型卷烟的发展，又将泰山、钻石、金圣、好猫、兰州、长白山、中南海、都宝、金桥、贵烟10个品牌视同前20名全国性卷烟重点骨干品牌进行考核。①

2010年，全国烟草工作会议明确提出，全行业要以“卷烟上水平”为基本方针和战略任务，品牌发展力争到2015年实现“532”“461”战略目标，以提高中国烟草产业整体竞争力。品牌规模目标“532”是指，通过5年或更长的一段时间，烟草行业要培育出年产量规模500万箱以上品牌2个，300万箱以上（300万~500万箱）品牌3个，200万箱以上（200万~300万箱）品牌5个，商业销量前10位品牌的集中度超过60%。品牌效益目标“461”是指，通过5年或者更长的一段时间，烟草行业培育出商业销售收入400亿元以上（400亿~600亿元）品牌5个，600亿元以上（600亿~1000亿元）品牌6个，1000亿元以上品牌1个。

多年来，我国烟草产业品牌众多，零散，鱼龙混杂，最多时达到2000多个。经过近年来的改革与发展，烟草品牌数量大幅减少，

---

① 《新世纪中国烟草大品牌发展纪实》，中国烟草咨询网，http://www.echinatobacco.com/101588/102041/102524/43644.html。

集中度明显提高，参见表3。从近10年国家局对烟草产业提倡发展品牌的战略看，体现了决策部门对发展品牌的决心和重视程度，有效引领了中国卷烟品牌发展方向，逐步使做强做大品牌成为全行业的共同认识和自觉行动。因此，在未来很长一段时间内，仍然会以品牌战略作为烟草业发展的重点和关键，不断改进品牌形象，提升品牌价值，提高品牌的议价能力，从而增强我国烟草品牌在国内乃至世界的认同感、知名度和影响力。

表3　卷烟牌号、集中度变化情况

年份	2003	2004	2005	2006	2007	2008
在产卷烟牌号(个)	582	423	325	224	173	155
前十品牌集中度(%)	17.94	19.3	26.4	31.9	37.8	39.55

资料来源：《新世纪中国烟草大品牌发展纪实》，中国烟草咨询网，http://www.echinatobacco.com/101588/102041/102524/43644.html。

（三）大集团是烟草产业发展的必然

20世纪90年代以来，世界烟草经历了大规模的并购重组，逐渐形成了菲莫国际、英美烟草、日本烟草、帝国烟草四大巨头垄断世界卷烟市场的格局。在此背景下，很多国家纷纷开放烟草市场，逐渐放松对国外资本的管制，实力强大的跨国烟草公司以此为契机，在世界范围内开展大规模的并购与重组。跨国公司全球范围内的资源配置与整合，也给我国烟草企业敲响了警钟，如果企业不做大做强，就不可能在世界烟草市场上占据有利的竞争地位。在这样的国际形势下，四大跨国烟草公司的市场地位日渐提升。为了应对激烈的国际烟草市场竞争，我国烟草企业也推进了兼并重组进程，并取得了实质性的进展，优胜劣汰，关闭了一些竞争力差的小型烟

厂，合并重组一些中型烟厂，培育大型的烟草集团。全国具有法人资格的卷烟工业企业数量由2001年的143家减少到2011年的30家，平均每家企业卷烟生产规模从24万箱增加到161万箱，保障了卷烟品牌发展具有更大的资源配置空间。[①] 2008年，原红云烟草集团、红河烟草集团等在昆明重组为红云红河烟草集团。红云红河集团的组建，有利于集中原有优势，扩大规模联手竞争，通过全国范围内生产要素和优势资源的重新配置，支撑企业的发展扩张。大型烟草集团的发展体现了国家烟草业的实力与国际竞争力，是企业做大做强的必然趋势。

（四）控烟是发展趋势

2003年5月，世界卫生组织成员国一致通过了第一个限制烟草的全球公约《烟草控制框架公约》，于2005年2月正式生效。2003年11月，中国成为该公约的第77个签约国，并于2006年1月生效，承诺从2011年9月起在公共场所全面禁烟。目前时间已过，但控烟效果并不理想，我国控烟履约绩效只有百分制的37.3分。《新民晚报》报道，报告主编之一、中国疾病预防控制中心副主任、中国控烟办公室主任杨功焕指出，2005年，我国归因于烟草使用的死亡人数达120万人，其中1/3的人年龄在40～49岁，照此趋势，到2030年，我国归因于烟草的死亡人数将会超过300万人。[②] 虽然越来越多的人对吸烟危害健康的认识有所提高，也越来越重视控烟，但我国整体上控烟没有突破。

---

① 《2001～2011年中国卷烟品牌发展战略》，http://www.tobaccochina.com/management/epmanage/stratagem/20125/201251093933_515562.shtml。

② 《中国控烟之失败——为控烟算笔经济账》，网易新闻网，http://focus.news.163.com/11/0107/12/6PQ08B3E00011SM9.html。

烟草对人体健康的危害是考虑控烟的主要原因，但控烟不是一蹴而就的，需要一定的时间和过程，要让烟草控制发挥作用，必须制订阶段性的进展计划和时间节点。有关专家提出，只有完善控烟法律，出台专门的《烟草控制法》，将吸烟的限制上升到法律高度，才能实现全面控烟，保障人民身体健康。多名政协委员共同提交了关于尽快制定《烟草危害预防控制法》的提案，因此我国制订控烟计划、加强控烟立法势在必行。

理　论　篇

Theoretical Report

B.2

烟草产业安全理论体系

摘　要：

烟草产业利税是国家财政收入的重要组成部分，烟草产业对国民经济发展起着非常重要的作用，在长期垄断的庇护下，烟草产业安全问题开始显现。从产业生存安全角度看，如果取消专卖专营，烟草产业会面临很大困难；从发展角度看，面对激烈的国际竞争环境，我国烟草产业条块分割、地方保护的现象仍然存在，产业竞争力不强、没有形成有影响力的品牌、国际市场份额低等问题影响我国烟草产业安全。

关键词：

烟草产业　产业安全　影响因素　理论体系

一　烟草产业安全概念及特征

（一）烟草产业的属性

1. 烟草的属性

（1）烟草的本质属性。烟草是茄科一年生的草本植物，也是重要的经济作物，目前植物学家确认的烟草品种已达60多种，但是真正被人们认可、种植并用于制造卷烟和烟丝的，基本只有两个品种。一类是红花烟草，这种烟草生长期较长，一般为一年或两三年生草本植物，红花烟草不耐寒，因此生长在比较温暖的地区；另一类是黄花烟草，黄花烟草又称堇烟草，是一年生或两年生草本植物，这种烟草耐寒能力较强，适宜在低温地区栽培。我国种植的烟草大部分属于红花烟草，只有北方地区有少量的黄花烟草。多数情况下，人们所食用的都是烟草的叶片，所以作为商品，也把烟草称为烟叶。按照商品成品分类，又可分卷烟、雪茄烟、斗烟、水烟、鼻烟和嚼烟。我国通常按烟叶品质特点、生物学性状和栽培调制方法，把烟草划分为烤烟、晒烟、晾烟、白肋烟、香料烟和黄花烟六类。

（2）烟草是重要的经济作物。烟草是我国重要的经济作物，我国是世界烟叶生产第一大国，烟叶种植遍布全国各地。2010年，我国共有种烟农户132万户，户均种烟收入25100元。全国烟叶产量4673万担，其中，云南烟叶产量占全国总量的39.9%，贵州占14.8%，四川占8.7%。[①] 据国家烟草专卖局的数据统计，2012年，

① 《中国烟草控制规划2012～2015》。

全国共签订烟叶合同110.3万份，落实种植面积2118万亩，约定收购量5429.6万担。全国建设烟叶基地单元累计339个，产量可达1695万担，占全年计划收购总量的30%以上。全国百亩以上连片种植面积1572万亩，占74.2%；10亩以上专业户种植面积1167万亩，户均种植17.02亩；专业化育苗达到100%，机械化耕作、起垄分别达75.9%和64.8%。[①]

（3）烟草危害人体健康。烟草对人体健康有一定危害，既包括吸烟人群的健康，也包括众多被动吸烟人群的健康。烟草烟雾的有害成分非常多，在烟草燃烧的过程中，可以产生上千种化学物质，其中不乏一部分致癌或促癌物质。比如尼古丁，既是高度成瘾性的物质，也是致癌和促癌物，刺激吸烟者的大脑和肺部，使吸烟者对烟草产生依赖，此外，烟草烟雾还包括其他多种有毒化合物、有害金属及放射性物质，是产生肺癌、恶性肿瘤、心血管病等多种疾病的主要危险因素。同时，也会导致被动吸烟者上呼吸道损伤、血液黏稠度增加、血管内膜受损等严重后果，同样可以引起类似疾病的发生，损害人体健康。作为一种特殊的嗜好品，吸烟人群在短时间内戒烟比较困难，且没有被广泛接受的、有效的替代品。

（4）烟草给社会带来一定的负面影响。香烟点燃后产生的物质不仅对人体健康有害，并且会对空气造成一定的污染，尤其是在室内等封闭场所，在餐馆、商场等环境较封闭、空气流通比较差的环境里更加明显。香烟烟雾中，90%以上为气体，如一氧化碳、氢氰酸及氨等；8%左右为颗粒物，这些颗粒物统称焦油，内含尼古丁、

---

① 《我国烟叶种植面积达2118万亩》，2012年7月18日，新华网，http://news.xinhuanet.com/local/2012-07/18/c_112471441.htm。

多环芳香羟、苯并芘及β－萘胺等，这些“烟雾颗粒”直径为0.1～1.0微米。新华网报道，每毫升卷烟烟雾中的微粒高达50亿个，而一些被污染的城市空气中每毫升含有的烟尘微粒也不超过10万个①，这些烟尘的颗粒散落在空气中，导致封闭环境下的PM2.5增加和空气污染升高。

此外，一些青少年受社会环境的影响也吸烟，带来一系列社会问题。一些吸烟者不好的吸烟习惯，如乱丢烟头、卧床吸烟等麻痹大意的行为会引起火灾。由于香烟点燃后温度高达几百摄氏度，持续燃烧的时间较长。而一般可燃物的自燃点都很低，如纸张、棉麻织物、草场等，而香烟点燃后的温度比起这些固体可燃物的燃点高出几倍。因此，未熄灭的烟头足以引起固体可燃物和易燃液体、气体着火。

专栏1：卫生部首发吸烟危害健康报告：吸烟者寿命少10年

自1988年开始，世界卫生组织开始执行“世界无烟日”的规定，从1989年起，每年5月31日为世界无烟日。2012年5月30日，卫生部首次发布了我国首部、权威地讲述吸烟危害健康的《中国吸烟危害健康报告》（以下简称《报告》）。

1. 我国吸烟人群逾3亿人，公众对吸烟危害认识严重不足

我国是世界上最大的烟草生产国和消费国，调查证实，我国有3亿左右的人吸烟，此外还有7.4亿人虽然不吸烟，但是深受二手烟的危害。吸烟对人体健康危害非常严重，每年由吸烟导致的疾病而死亡的人数已经超过了100万人。如果相关部门对吸烟

① 《吸烟与空气污染》，新华网浙江频道，http：//www.zj.xinhuanet.com/2007special/2007－08/14/content_10856691.htm。

放任不管，再不去积极地控烟，那么40年后，因为吸烟患上相关疾病而死亡的人数会更多，可能会突破300万人，既给人民生命安全带来巨大隐患，也给国家和社会的经济发展带来巨大损失。

2. 我国公众对吸烟和二手烟暴露的危害的认识严重不足

在我国有接近75%的人并未真正认识和全面了解吸烟对于人体健康的影响，有接近67%的人意识不到被动吸烟，即吸二手烟对人体健康的危害。由于现在烟草业生产和销售都打着"低焦油、低危害"的旗帜来吸引吸烟者，所以大部分人都主观地认为，低焦油对人体健康并无大碍，其实不然，这并不能降低吸烟对人体的伤害。这种提法使得吸烟者减弱了戒烟意愿，表明公众对这一问题还存在一定的认识误区。

3. 烟草烟雾中含有69种致癌物

已经证实，烟草经过燃烧之后，烟雾中会有69种致癌物，这些致癌物的存在会导致人体内关键基因发生突变，使得人体的正常生长控制机制失调，最终诱发癌细胞的恶变和出现恶性肿瘤。吸烟可以导致癌症、恶性肿瘤等多种疾病，如表1所示。

表1　吸烟可能引致的疾病种类

诱发病种类	表现
肿瘤类	口腔和鼻咽部的恶性肿瘤
癌症类	肺癌、结肠癌、直肠癌、乳腺癌和急性白血病
呼吸类	呼吸道免疫功能、肺部结构和肺功能受损
血管类	损伤血管内皮功能，导致动脉粥样硬化的发生，使动脉血管腔变窄，动脉血流受阻，引发多种心脑血管疾病
生育类	烟草烟雾中含有的有害物质影响人体生殖及发育功能
其他并发症	糖尿病、糖尿病患者大血管和微血管并发症

4. 二手烟暴露没有“安全水平”

《报告》还认为，二手烟也含有大量的有害和致癌物质，即便短时间内暴露于二手烟中，提高室内排风换气装置，也无法避免给人体造成损害，唯一的解决办法就是室内禁止吸烟。不吸烟人群暴露于二手烟中，也会增加患上相关疾病的概率。二手烟暴露可能导致的疾病如表2所示，尤其对孕妇和儿童的影响最大。

表2　二手烟暴露可能导致的疾病

诱发病种类	表现
癌症类	肺癌、乳腺癌、鼻窦癌
呼吸类	成人呼吸道症状、肺功能下降、支气管哮喘、慢性阻塞性肺疾病
血管类	脑卒中和动脉粥样硬化
其他并发症	烟味反感、鼻部刺激症状和冠心病

5. “新型卷烟”并未降低疾病风险

《报告》认为，任何烟草制品对人体健康都是有害的，不存在无害的烟草制品。虽然烟草制品现在都推崇“低焦油”含量，但是有证据能够充分证明，这类烟草制品和普通烟草制品一样，都会对人体健康造成危害，并非低焦油就会对人体无害。有长期吸烟史的人群可能会认为“低焦油”“低危害”的“新型卷烟”能够降低吸烟对健康的损害而继续吸烟，已戒烟人群也会因此而重新吸烟，未吸烟人群也会因为这一类香烟对人体无害而吸烟。烟草业之所以推崇“低焦油”“低危害”卷烟，主要是为了使吸烟者保持对烟草制品的偏爱，在一定程度上削弱了吸烟者戒烟的意愿，最终达到提高烟草制品销售的目的。

6. 吸烟成瘾是一种慢性疾病

《报告》认为，吸烟成瘾是一种依赖烟草的慢性疾病，这种疾病表现在两方面。表现之一为身体依赖，身体依赖是指如果不吸烟或减少吸烟量，吸烟者会表现出焦虑、抑郁、不安、唾液腺分泌增加的症状，不能够集中注意力，无法保证正常睡眠，有时还会出现体重增加的情况。这一系列不能忍受的症状，都表现了吸烟者对吸烟的强烈愿望。表现之二为精神依赖，也就是“心瘾”，主观意识无法控制，强烈渴求吸烟。

《报告》还指出，吸烟会影响平均寿命，相对于不吸烟者，吸烟者平均寿命大约会减少10年。戒烟越早，延长的寿命就越长，吸烟者30岁、40岁、50岁、60岁戒烟可分别延长预期寿命10年、9年、6年、3年。同时，戒烟者会减少患疾病的概率。总而言之，长期吸烟会给人体带来巨大的健康危害，戒比不戒好，戒烟越早越好，戒烟越早，健康受益越大，寿命延长越多。

此外，《报告》还认为，吸烟人群中大概有33%可以称为每日吸烟者，虽然并非所有吸烟者都会对烟草产生依赖，但一旦产生依赖就很难戒除。很多人已经认识了吸烟的危害，也愿意戒烟，对烟草依赖程度低的人可以凭借自身毅力戒烟，但是对烟草依赖程度高甚至成瘾的吸烟者就没那么容易自行戒烟了，可能需要借助戒烟药物进行治疗。

资料来源：《卫生部首发吸烟危害健康报告：吸烟者寿命少10年》，载于搜狐网，http：//health. sohu. com/20120531/n344525532. shtml。

2. 中国烟草产业的属性

（1）垄断属性——烟草专卖制度。“专卖”即垄断经营的意思，是在一定的社会制度下，国家对某种或者某些商品实行的具体管理制度。专卖分完全专卖和不完全专卖，完全专卖是在全国范围内，对商品生产经营的各个环节均实行专卖管理，不完全专卖是对商品生产经营的部分环节（主要是销售环节）实行专卖管理。我国烟草业实行的是完全专卖，对烟草业进行严格管理。

1981 年，国务院改革烟草管理体制，决定对烟草实行国家专营，并以国发〔1981〕85 号文件确定了烟草国家专营制度，对烟草业实行产供销、人财物的集中统一管理。1982 年 1 月 1 日成立了中国烟草总公司，表明烟草专营和集中管理体制正式启动。1983 年 9 月，国务院发布了《烟草专卖条例》，并于 11 月 1 日起实行。1994 年 1 月，国务院批准成立国家烟草专卖局，与中国烟草总公司是一套机构、两块牌子，开始对烟草业实行全面的行政管理。1984 年 9 月 10 日，国家烟草专卖局发布《烟草专卖条例施行细则》。截至 1985 年底，烟草行业初步形成了农、工、商、贸一体化，产、供、销“一条龙”的全国性经济实体，机构组建工作初步完成。随着经济发展和形势变化，《烟草专卖条例》不能满足发展的需要，通过对我国烟草专卖制度的总结与不断研究，1991 年，全国人大审议通过了《中华人民共和国烟草专卖法》，这是我国烟草业有史以来第一部烟草专卖法典，我国烟草业从此走上依法治烟的轨道。1997 年 7 月，国务院发布《中华人民共和国烟草专卖法实施条例》，法律、法规的颁布实施，进一步巩固和完善了国家烟草专卖体制。

我国烟草专卖制度是完全专卖、国家专卖，对烟草及其制品的生产经营的全部环节都实行专卖，国家烟草局享有对烟草全部产业链的各个环节进行管理的权力。在种植环节，国家烟草局对烟叶种植、烟叶收购、烟叶的调拨计划等进行管理；在生产环节，国家烟草局对卷烟的生产计划、卷烟纸、过滤棒、烟用丝束、生产机械等进行管理；在销售环节，国家烟草局对烟草专卖许可证、烟草专卖品的价格、进出口贸易等进行管理。

我国烟草业实行统一领导、垂直管理、专卖专营的管理体制。国家烟草专卖局、中国烟草总公司对全国烟草行业“人财物、产

供销、内外贸”进行集中统一管理。国家烟草专卖局主管全国烟草专卖工作，各地设立省级、地（市）级、县级烟草专卖局，主管本辖区烟草专卖工作，在行政关系上体现的是统一领导、垂直管理的管理体制，行政管理和生产经营管理高度集中。

对烟草专卖品的生产经营，我国建立了全国统一的垄断经营组织，设有中国烟草总公司及其直属的中国烟叶生产购销公司、中国卷烟销售公司、中国烟草机械公司、中国烟草物资公司、中国烟草进出口总公司六家专业性公司，分别负责有关烟草专卖品经营业务方面的管理、指导，并从事具体经营活动；各地以行政区划为单位，设立省级烟草公司、地（市）级烟草公司、县级烟草营销部，分别负责所在地区烟草专卖品的生产经营业务。烟草公司这种上下成线、左右成网的组织体系，构成了我国对烟草专卖品的生产、销售及进出口业务实行垄断经营的组织系统（见图1）。

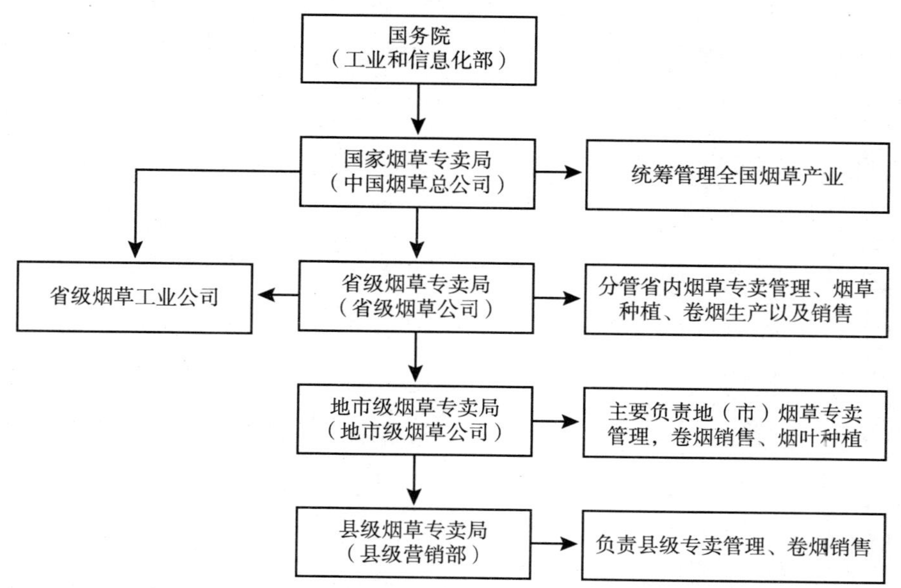

图1　中国烟草产业管理体制

（2）烟草消费的区域性。根据《烟草专卖法实施条例》第十三条的规定，申请领取烟草专卖批发企业许可证，进行跨省、自治区、直辖市经营的，应当向省级烟草专卖行政主管部门提出申请，由省级烟草专卖行政主管部门审查签署意见，报国务院烟草专卖行政主管部门审批发证。根据《烟草专卖法实施条例》第二十五条的规定，取得烟草专卖批发企业许可证的企业，应当在许可证规定的经营范围和地域范围内，从事烟草制品的批发业务。取得烟草专卖零售许可证的企业或者个人，应当在当地的烟草专卖批发企业进货，并接受烟草专卖许可证发证机关的监督管理。

（3）烟草业横跨第一、第二、第三产业。烟草产业链由烟叶种植、烟叶购销、烟叶加工、卷烟生产、卷烟销售流程构成，如图2所示。

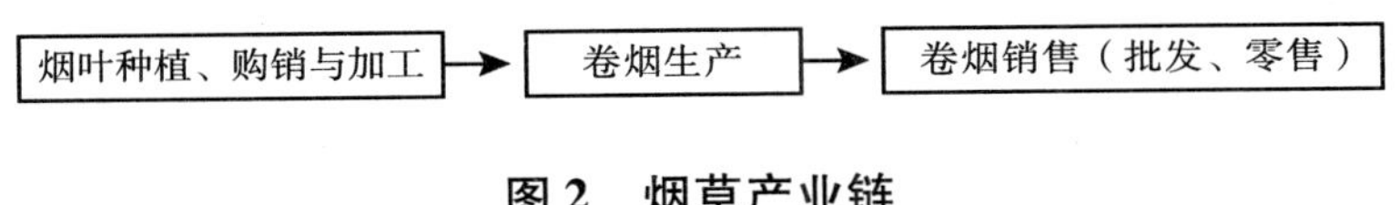

图2　烟草产业链

整个烟草产业链从原料种植、供应，卷烟生产一直到最终消费者，主要经过工业企业、商业企业、零售客户、消费者四大环节，涉及国民经济的第一、第二、第三产业。根据我国《国民经济行业分类》（GB/T 4754—2011）的标准，如表3所示，烟草行业主要涉及第一产业农业中的烟草种植，第二产业中制造业大类的烟草制品业以及烟草工业专用设备制造业，第三产业中批发和零售大类中的烟草制品的批发与零售。由此可见，烟草产业链涉及生产、分配、消费等众多环节，涉及的范围也较广，既涉及工业，也涉及商业，由此形成了烟叶种植、生产、加工、运输、批发、零售的一系列产业链上的各项活动。所以，烟草业横跨国民经济三大产业，在一定程度上带动了劳动力就业，在创造客观的经济价值的同时，也承担了一定的社会责任，创造了一定的社会价值。

表 3　国民经济行业分类（部分）

三次产业分类	《国民经济行业分类》(GB/T 4754 - 2011)		
	门类	大类	名称
第一产业	A		农、林、牧、渔业
		01	农业
		02	林业
		03	畜牧业
		04	渔业
第二产业	B		采矿业
		06	煤炭开采和洗选业
		07	石油和天然气开采业
		08	黑色金属矿采选业
		09	有色金属矿采选业
		10	非金属矿采选业
		12	其他采矿业
	C		制造业
		13	农副食品加工业
		14	食品制造业
		15	酒、饮料和精制茶制造业
		16	烟草制品业
		17	纺织业
第三产业	A	05	农、林、牧、渔服务业
	B	11	开采辅助活动
	C	43	金属制品、机械和设备修理业
	F		批发和零售业
		51	批发业
		52	零售业
	G		交通运输、仓储和邮政业
		53	铁路运输业

（二）烟草产业在国民经济中的地位和作用

1. 烟草种植业是国民经济的重要产业

烟草是我国重要的经济作物之一，我国很多省份都种植烟草，烟草收益是当地烟农主要的经济收入来源。烟草产业链的源头——烟叶种植，在我国的区域分布很广，我国是世界烟叶生产第一大国，每年种植烟叶达140多万公顷，烟叶年产量达170多万吨。因此，烟草业是我国国民经济的重要产业，在国民经济中占有重要的地位。

烟叶种植的特点使得烟草业在地理区域上有一定的分布特征。烟叶种植容易受到自然灾害的影响，技术性较强，需要的劳动力多，受气候、温度、湿度、光照等自然条件的影响也比较大。过去，我国烟叶生产分布在自然条件较好而经济欠发达、交通不便的区域。1983年，种烟区域分布在全国21个省、自治区、直辖市的876个县，其中3/4的县烤烟面积在万亩以下，并且有相当一部分烟草种植在生态条件并不适宜的地区。[①] 近年来，农业的生产条件、烟叶市场需求等发生了变化，国家烟草专卖局对烟草业进行了产业结构调整，以专卖制度为原则，计划种植与市场引导并行，优化烟叶产区结构，促进烟叶种植向优势区域发展，从而满足卷烟工业企业对于优质烟叶的需求。目前我国山东、贵州、湖北、河南、四川、黑龙江、山西、云南等省份烟草资源非常丰富。

2. 烟草产业利税是国家财政收入的重要来源

相关资料显示，我国烟草生产和消费有八个“世界第一”：

---

① 王现军：《我国烟叶生产基本情况及应对控烟公约的对策建议》，《经济研究参考》2004年第89期。

烤烟种植面积第一，烤烟产量世界第一，烤烟增长速度世界第一，卷烟产销量世界第一，卷烟增长速度世界第一，吸烟人数世界第一，吸烟人数增加数量世界第一，烟税增长速度世界第一。世界卫生组织无烟活动协调官伯科·费施伯恩曾言，中国的个别省份有70%的税收来自烟草。由于烟草业的特殊性，虽然对人体健康有一定的不良影响，但是又不能硬性禁止，所以一直以来，我国对于烟草业实行“寓禁于征”的税收政策，且烟草业涉及的税种比较多，税利也比较高，通过征税这种经济手段，一方面在一定程度上限制烟草制品的生产和消费，另一方面也为增加国家财政收入贡献力量。

我国烟草产业是国民经济中重要的贡献性产业。烟草税收是中国财政收入的大项。自1982年成立烟草总公司以来，中国烟草产量、销售量和工商税利大幅上升。1982~2009年，利税总额达到32893亿元。近年来，烟草产业经济效益一直保持高速增长，2005年以后年均利税增长超过20%，到2007年达到3880亿元，2008年达到4572亿元，2009年达到5132亿元，2012年达到8649.4亿元。几乎是三年翻一番，表现出良好的经济效益。从1983年到2012年的30年间，我国烟草业行业利润由102.5亿元增长到8649.4亿元，利润增长了83倍。从烟草业税利占全国财政收入的比重看，从1988年至1998年，占比在10%以上，参见图3，该阶段对国家财政收入的贡献最大。从2000年以后该比例保持在7%~9%，烟草行业税利占全国财政收入比重较前一阶段有所下降，升降幅度趋于缓和。2008年后，烟草行业税利与全国财政收入比值渐趋平稳，波动不大。由此可见，近年来，我国烟草业税利保持着较高的增长速度，为国民经济持续健康发展提供了强有力的财政支持。

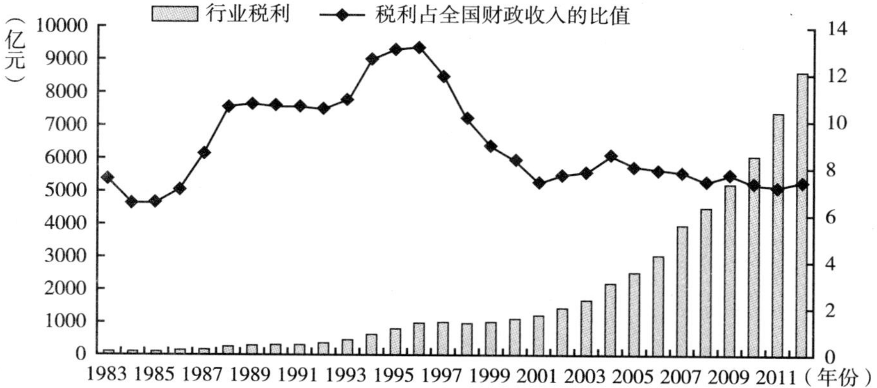

图 3　我国烟草产业税利以及占全国财政收入的比重（1983～2012 年）

资料来源：根据中国烟草市场网数据绘制。http：//www. etmoc. com/look/looklist. asp？id＝30150。

3. 烟草产业带动地方经济发展，具有不可或缺的社会效益

烟草业促进了地方经济的发展，尤其是对烟叶和卷烟的主要产区，烟草种植与当地农民的收入及生活密不可分，烟草生产经营成为地方财政收入的重要来源，我国几个烟草产业大省，烟农的烟叶收入占农业收入的 55% 以上。[①] 2008 年，汪洋曾高度评价了烟草种植对于偏远山区群众脱贫致富、促进地方经济发展的重要作用。[②] 以云南省为例，据统计，2012 年云南中烟集团主业实现税利 1144. 2 亿元，其中省内企业实现税利 983 亿元，卷烟境外销售总量 160 多万件，居行业第一位，云南的卷烟销量达到 1050. 51 万箱。按照行业 2012 年重点品牌排序，红塔山、云烟销量分别位居

① 汪伟、石章海：《烟草经济是国家税收的有力保障》，《中国烟草市场》2008 年 11 月 12 日。

② 《党政领导："烟草产业在地方经济发展中发挥了重要作用"》，中国烟草咨询网，http：//www. echinatobacco. com/101542/101576/101938/101953/12406. html。

行业第二位和第三位，玉溪一类烟销量位居行业第二位。[①] 像云南这样的烟草产业大省，烟草种植业是为农民增加收入的主要产业，烟叶种植是农民收入的主要来源，烟草种植为当地农民直接提供了就业机会。此外，烟草种植也带动了当地化肥、农药等物品的消费，为农民间接创造了一些就业岗位，增加了农民收入。可见，烟草产业的发展可以带动其他产业的发展，对地方财政、农业和农村经济的发展起到了重要的推动作用。

专栏2：烟草生产在国民经济中的意义

烟草的高经济价值历来举世公认，在发展地方经济、增加国家财政积累方面的作用突出，有时甚至可以明显缓解国家财政上的困难，这是烟草与其他作物的又一个不同之处。在我国的河南、山东、云南、贵州等集中产烟区，种烟面积一般仅占耕地总面积的1/4，而种植烟草的收入则占全部农业收入的50%以上，被农民称为致富的“短、平、快”作物。各级政府也把烟叶生产当作发展地方经济的重要抓手，作为“优势产业”“财政支柱”给予大力支持和配合。

世界上不少国家的资金收入也大大归功于烟草的种植。今天的美国，烟草已是玉米、大豆、小麦、干草和棉花之后的第6种重要作物。在北卡罗来纳州，烟草收入占整个收入的36%，在肯塔基州占29%。津巴布韦正是依靠烟草的发展，才大大加速了经济的发展。以烟草作为主要经济来源的国家还有希腊和土耳其等。在印度，烟草也是当地一种重要的赚钱作物。此外，以烟叶作为工业原

① 《云南烟草工业主业税利突破千亿元大关》，云南网，http：//yn. yunnan. cn/html/2013 -02/01/content_ 2603122. htm。

料发展卷烟加工业，又可为国家创造大量税收。据资料统计，全世界1992年由烟草业上缴给各国政府的税收总额高达1400亿美元，这个数字高于世界上除20个最富有国家外任何一个国家的国民生产总值。各国政府来自烟草业的税收数额巨大，1996年，美国政府来自烟草业的税收总额高达604亿美元，日本折合160多亿美元。多年来，德国、希腊、葡萄牙和一些发展中国家的烟草税收占政府财政收入的比例都超过6%。1949~1991年，我国烟草业累计向国家上缴税利2373亿元，其中1982~1991年共创税利1753.5亿元，占每年国家财政收入的7%~10%，为全国各行各业之首。显然，烟草业作为国民经济的一个重要产业，在国民经济中具有相当重要的地位。

如今的烟草业已发展成为一个非常庞大的产业，涉及农、工、商、贸及与其生产配套的许多相关行业。它的发展解决了一大批人的就业和生活问题。据估算，全世界约有1.8亿人（包括行业雇员及其家属）完全或部分地靠烟草业谋生；主要产烟国的烟草业总雇员人数超过4700万人（郑新章，1997）。在中国，烟草与1000万人口的就业和1亿多人口的经济生活密切相关（周瑞增，1997），其意义同样不可低估。

烟草对国民经济的重要意义还在于它是一种外销产品，能为国家出口创汇。

烟草综合利用前景广阔。从品质较差的烟叶或烟末碎屑中提取烟碱，可以作为许多农作物害虫和家畜皮肤寄生虫的杀虫剂。我国南方螟害严重的稻田，还常在稻田中插烟茎治螟害。烟叶中含有柠檬酸和苹果酸，据介绍，一种黄花烟的柠檬酸含量达5%~10%，苹果酸含量达3%~4%，提取这两种有机酸，可用于糖果食品及其他工业。烟籽含油量丰富，可供食用、制皂或其他工业用途。

烟叶收获后，还可充分利用烟草茎秆。烟茎含纤维素38%～45%，纤维质量好，且易于提取和加工，既可用于制造纤维板、造纸，也可供卷烟厂按比例掺和在烟末中制作烟草薄片。烟茎微量元素的含量也很丰富，经适当处理，可制作极好的烟用特征元素肥料。利用烟茎还可以制作烟秆刨花板，刨花板与纤维板和胶合板合称“人造三板”，可用于家具制造。全国每年种烟百万公顷以上，由烟茎利用而节省木材的经济意义和环保意义都是极其巨大的。

烟草打顶弃去的花蕾含有丰富的香精香料，是天然植物香源之一，经提取可作为极好的烟用香精香料。据报道，从花蕾中提取香料已形成白肋烟花蕾香膏、烤烟花蕾香膏和白肋烟浸膏“三膏”产品，并已在卷烟加香中应用。这不仅是对烟草资源的充分利用，还可使烟农每公顷增收300～450元。

香料烟种植由于不打顶而产生大量难以利用的种子。测定发现，香料烟种子的挥发性成分中有20多种香味物质，非挥发性成分中有9种香味物质。用低浓度的乙醇溶液提取的香料烟种子酊剂加入卷烟配方中，有明显的聚香和增香作用，这一技术可赋予卷烟产品以独特的风格，为香料烟种子这一副产品的利用开辟了新路。

我国每年都有大量的低次烟叶和下脚料亟待利用，过去用来单一提取烟碱，成本往往较高。经过研究，利用提取过烟碱的残渣再提取茄尼醇，可使两种产品的生产成本大大降低。烟碱和茄尼醇均为重要的化工和医药原料，具有广泛的用途。

烟草未成熟鲜叶中的蛋白质，无论是数量还是质量都远远超过大豆。据估算，在特殊栽培条件下，1公顷烟草可提取3.5吨蛋白质，而大豆只能产0.8吨。烟叶蛋白质的营养价值高于牛奶，其蛋白质结晶体加水搅拌，可变成像鸡蛋清一样的糊状液体。可制成精美的糕点，点上卤也可变成白嫩的豆腐，在冰冻条件下还可制成松软的奶油。烟草蛋白质既可供人类利用，也可用作动物蛋白质的供给源——饲料，代替大豆粉和鱼粉。有理由相信，即使将来不吸烟、不制烟，烟草仍会以其他形式的产品走进我们的生活，走进千家万户。

与其他作物的又一个不同之处是，烟草还是一种广泛用于基础理论和生物工艺学尖端技术研究的工具。在过去的几百年间，人们关注的是烟草的经济价值以及由它而生产的烟制品给人们带来的愉悦。实际上，烟草还是生物科学尖端研究中难得的研究工具，其重要性可与微生物中的大肠杆菌相比。

20 世纪 20 年代以后，以烟草为工具的化学研究获得了丰富的成果或资料，人们发现了烟草具有生产食品和药品的潜力。50 年代，以烟草为工具的研究已涉及植物学领域的各个方面——遗传学、细胞学、育种学、分类学、形态学、生理学、营养学、有机物代谢等，而且这些研究成果被广泛用于其他作物，如营养缺乏、培育抗病品种、微量元素、生长调节和空气污染等。总之，以烟草为工具进行的基础理论和尖端研究，为植物科学的发展建立了一个又一个里程碑。这或许是烟草在过去 500 年对文明社会最重要的贡献。

在生物技术领域，准性杂交、遗传物质引入植物细胞、抗病、抗病毒和抗逆境等研究均已证明，烟草是一种理想的工具，几乎不受任何限制。目前，人们已经具备了利用基因组合的烟草植株（即转基因植株）生产药品和工业用蛋白质的能力。这意味着未来的烟草除作为一种较安全的燃吸材料外，还可以用烟草或烟草细胞培养物生产高价值的药品、化学品和食品。随着生物技术的发展，烟草植株将会被改造成为“植物工厂”，生产包括药品和疫苗在内的各种各样的新物质；也可用烟草固定氮、提高光合效率以及作为污染物指示物等。

如上所述，烟草作为研究工具至今不过80多年的历史，就已获得如此丰硕的成果和显示出它在科学上的重大价值。毫不怀疑，在21世纪的生物科学发展中，烟草作为研究工具必将对人类做出更大的贡献。基于这一点，左天觉先生（1990）曾指出："我给现在与未来的科学家的一条忠告是：烟草的使用仅仅是刚开始——请重视烟草。"

资料来源：《烟草生产在国民经济中的意义》，国家烟草专卖局网站。http：//www. tobacco. gov. cn/html/21/2106/210603/21060302/644514_ n. html。

（三）烟草产业安全的概念及特征

1. 产业安全研究

一直以来，在国家与国家之间的贸易往来中，保护本国贸易和工业发展是重中之重，事实上，这种保护主义的观点便是产业安全的根源所在。从这一角度看，产业安全的实践是备受关注的，但上升到理论的高度，产业安全理论却一直未形成体系，成为一个"存而不论"的话题。直到近10年，关于产业安全理论的研究才在学者们的广泛关注与研究下，逐渐形成较为清晰的理论体系。

产业安全观点最早是由西方经济学鼻祖亚当·斯密提出的。在《国民财富的性质和原因研究》一书中，亚当·斯密主张进行自由放任的公平竞争的同时，还提出了要对涉及国家安全的国防工业进行保护和扶持。亚当·斯密特别强调对于涉及国计民生的重要产业，尤其不能过分依赖国外单一或极少数市场。德国政治经济学历史学派先驱弗里德里希·李斯特对国家经济安全以及政府对产业发展的支持与保护给予更多的关注。他的名著《政治经济学的国民体系》提出了维护主权国家的经济稳定与产业安全的中心思想，

并提出了著名的针对幼稚产业的“有效保护”理论，这一理论被认为是产业安全理论的雏形。20 世纪 80 年代，布兰德、斯潘塞、克鲁格曼等人提出了战略性贸易政策理论。战略性贸易政策理论以不完全竞争和规模经济理论为前提，以产业组织中的市场结构理论和企业竞争理论为分析框架，突破了以比较优势为基础的自由贸易学说，强调政府适度干预贸易对于本国企业和产业发展的作用。20 世纪 70 年代，美国的经济学家对外资在美国的作用以及美国产业发展的影响进行了研究。John N. Ellison，Jeffrey W. Frumkin 等对美国产业安全进行了研究。他们通过对原材料产业、战略资源产业、机床和半导体等制造业的案例分析，认为由于受进口商品的冲击，美国一些重要产业处境艰难，产业发展陷入恶性循环，建议政府加强对国外企业并购美国企业的监管。俄罗斯经济学家研究认为，稳定与发展对经济安全至关重要，经济的稳定性反映了经济系统的各要素之间和系统内部的纵向、横向和其他联系的稳固性和可靠性，反映了承受内部和外部压力的能力。然而仅有稳定是不够的，如果经济没有发展，那么经济的生存能力、抵御和适应未来威胁的能力就会大大降低，他们认为国家强有力的产业政策对于扭转产业安全局面必不可少。

我国在对外贸易和政策制定过程中均涉及产业安全问题，但是直到 20 世纪 90 年代，随着我国对外开放步伐的加快，外资大量涌入我国在一定程度上对国内产业造成影响时，产业安全问题才真正成为学术界和业界研究的重点与热点。

综观目前现有的研究发现，有些学者对产业安全影响因素进行了分析，对我国产业安全度进行定量分析和研究，另外也有一些学者则对一般性的产业安全进行了研究。总体而言，目前的理论研究大都仍局限于对产业安全基本概念的讨论及维护产业安全的政策方面。通过梳理文献，归纳出现有研究集中于以下三个方面。

(1) 产业安全概念的界定。产业安全概念的界定主要有四个方面：产业控制力说、产业竞争力说、产业发展说、产业权益说和综合性的产业安全说。产业控制力说的代表人物是何维达和张碧琼等。他们认为产业安全是指在市场开放条件下，影响国民经济全局的重要产业的生存发展，以及政府对这些产业的调整权或控制权受到威胁的状态。与之类似的观点还有“外商直接投资产生国家产业安全问题，外商通过合资、直接收购等方式控制国内的企业，甚至控制某些重要产业，已经威胁到国家经济”，以及“拥有相应的自主权或控制权，即可认定该产业是安全的”“本国资本对影响国计民生的国内重要经济部门掌握控制权”等。这些观点，虽然各有所论，但核心都是强调本国资本对本国产业的控制力。

从产业竞争力的角度来分析，一种观点认为，在开放竞争的条件下，一国产业具有国际竞争力，能够抵御和防范国内外风险的威胁，并且保持产业部门协调发展的状态。许铭也赞同这种观点，他提出，产业安全是国家经济安全的重要组成部分，在开放条件下，一国产业能够抵御外来干扰或威胁并不断获得持续发展的状态。产业安全是国家产业综合素质在不同发展阶段的集中反映，体现了本国产业的竞争力和重要的主导地位。

在产业发展说方面，张立认为，产业安全是指在对外开放的条件下，在参与国际竞争的过程中，一国具有保持民族产业持续生存和发展的能力，并且本国资本始终能够对本国产业主体拥有控制权。也有观点认为“产业安全指一国拥有对涉及国家安全的产业和战略性产业的控制力及这些产业在国际比较意义上的发展力”。

吕政是产业权益说的主要代表，他认为，在对外开放和国际竞争的背景下，产业安全是指国家的重要产业在资本、技术、市场等领域，不受国际资本的控制，能够具有相对的竞争优势，能够实现本国利益的最大化。赵世洪认为国民作为产业安全中的权益主题，在国界内有明确的排他性经济主权。外国国民在东道国取得任何产业权益都是对东道国国民权益的侵害。研究产业安全，归根结底是要使国民为主体的产业权益在国际竞争中得到保证并不受侵害。

景玉琴、李孟刚等是综合性的产业安全说的代表。景玉琴认为，产业安全要从宏观和中观两个层次来界定：从宏观层次上讲，产业安全是“一国制度安排能够引致较合理的市场结构及市场行为，本国重要产业能够在开放竞争中具有竞争力，且多数产业能够生存并持续发展”；从中观层次上讲，产业安全是指“在开放竞争中，本国国民所控制的企业达到生存规模，具有持续发展的能力及较大的产业影响力，并且占据一定的优势地位”。李孟刚认为，产业安全是指特定行为体自主产业的生存和发展不受威胁的状态。理解这一概念要注意以下三点：一是安全的主体是特定行为体的自主产业；二是生存安全和发展安全是产业安全重要的两个方面；三是通过评价产业受威胁的程度反推得到一国产业安全度。

（2）产业安全问题成因及影响因素分析。在对产业安全问题成因研究方面，大多学者从外商直接投资（Foreign Direct Investment，FDI）的角度分析产业安全的成因。外商直接投资对东道国产业安全的威胁表现在外商利用其资金、技术、管理等方面的优势，通过兼并收购及系列投资方式来控制东道国内企业和垄断某些产业。有学者认为，外资对于东道国产业安全的影响，主要体现在对东道国产业的品牌控制、技术控制和市场控制，外资投向会造成东道国产业结构的失衡，给东道国产业结构造成一定的影响，在一定程度上影响国家对产业的宏观调控。有学者认为制度非均衡是产业安全的形成根源。有学者认为产业安全的成因，主要是由于投资自由化和贸易自由化，投资自由化和贸易自由化使得外商利用其资本、技术、管理等生产要素或营销环节方面的优势，对东道国的企业进行合资或者收购，通过商品和服务贸易占据东道国的市场份额，并进行一些与贸易相关的投资活动，对东道国市场份额进行挤占，产业安全问题由此而生。也有学者从国家经济安全角度出发，将产业安全纳入国家经济安全进行分析，认为产业安全问题的发生，是因为各国经济都包含一定的产业，并在不同时期形成不同的产业结构。当一国融入经济全球化的进程时，产业和产业结构就会受全球化进程的影响，从而面临来自外部的威胁。

在产业安全影响因素的研究方面，李孟刚分析了内外部影响因素。国外的资本、技术和产品等是影响产业安全的外部因素；国内产业的生存环境和竞争环境等是影响产业安全的内部因素。外国资本对东道国产业安全的影响主要是通过国际债务、投机资本、外商直接投资三种方式来实现的；外来技术主要通过外商直接投资的技术控制、来自外国的技术封锁影响产业安全；外国的产品倾销、外国垄断原料及资源性产品价格提升危及进口国的产业安全。

在我国对产业安全影响因素的研究以 FDI 的研究最多。这些研究不仅仅以定性分析为主，还加入了很多数据和计量方法。一些研究成果表明，FDI 会带来技术的外溢效应，技术的外溢效应最终会对产业安全带来不利影响。周妍以我国浙江省的数据为样本，运用多元回归方法，考察了 FDI 的外溢效应，结果认为外资部门对内资部门存在外溢效应。刘海明和祖强根据我国利用 FDI 与 GDP 的年度经济数据进行分析，认为 FDI 虽然在一定程度上推动了我国经济增长，但产生技术外溢逆流现象威胁到我国产业安全，作用并非特别理想。包群和赖明勇引入滞后模型来考察技术外溢的动态变化，认为外商直接投资通过技术外溢效应带动了我国国内部门的产出增

长。黄志勇和王玉宝基于两部门动态模型的实际测算，结果表明外资企业技术外溢因子每提高 1 个百分点，我国国内部门的产出相应增加 0. 199 个百分点。一方面，剖析了 FDI 对中国的品牌、市场、技术等产生的影响产业安全的负面因素；另一方面，也辩证地指出外商直接投资对我国国内产业开发和产业升级产生积极的推动作用。这些研究均表明，外商直接投资对我国企业的技术外溢效应确实是存在的。但研究认为 FDI 对中国产业安全带来的并非完全不利的影响，应辩证看待。

（3）产业安全调节和对策建议研究。在产业安全政策建议方面，国内研究主要集中于产业政策的动态调整、产业国际竞争力的提升等。赵世洪认为，调节是指当国民产业处于不安全的状态时要保护，当国民产业处于过分安全状态时要放开。引进外资调节主要是通过税收、市场准入、股比限制、投资期限、国有化及征用等方式调节外资流入的数量和结构。进口调节主要是通过关税和非关税壁垒影响一国的进口数量，以达到调节产业安全状态的目的。樊辉认为，产业开放政策一般包括产业开放的领域选择、深度选择、时机选择。产业开放政策是否与一国承受外来冲击的承受能力相适应，是否与一国产业发展的需要相适应，决定于产业开放所带来的风险大小的变动，即产业安全度高低的变动。

产业安全问题的解决要坚持正确方向，代表性的人物是成思危。他认为研究产业安全需要达成“只有坚持改革开放，才能确保产业安全”的共识。外商来华投资以追逐利润为目的，更多考虑的是经济利益，而非政治目的，因此，要理性地看待外资并购。

保障产业安全，做强企业是关键，要提高企业的核心能力，而提高核心能力的关键是制度创新。景玉琴认为，外资推动我国经济增长，也会对产业安全造成一定的影响。通过产业组织政策与产业技术政策增强民族资本竞争力与控制力，进而促进产业安全。景玉琴、高洪力等认为现行体制中某些行政性垄断与地区封锁制造了不平等竞争，限制了行业竞争力的提高，使我国一些重要产业在开放竞争中丧失竞争优势，形成产业安全隐患。可以通过“竞争替代”解决。刘雪斌和颜华保认为，产业价值链的安全是产业安全的基础性问题，反垄断是低层次的产业安全策略。产业的分工位势低、关联度减弱、产业生态环境恶化、控制力降低、对外依存度提高以及外资并购等因素会诱发我国的产业安全问题。要提高产业国际竞争力，应从产业安全的战略角度出发，构建防范体系，提高产业控制力和发展力。徐力行等对国外典型国家产业安全防范体系进行比较，提出发展中国家侧重于用外资法和产业政策，而发达国家侧重于用反垄断法来控制外资并购带来的产业风险。建议我国应加快完善反垄断法规的立法和执行体系，调整和细化产业政策导向，建立并完善产业安全防范制度等。

2. 烟草产业安全研究

对于烟草产业而言，虽然一些学者也进行了一些研究，但大多是从市场结构、产业规制、品牌发展、企业管理、竞争力等单个维度及微观层面展开的，研究的内容也主要是在进入 WTO 与 WHO 的背景下进行的，就现象论现象，目前对烟草业在全球化背景下的产业安全问题进行系统深入研究的文献非常少，已发表的有关“烟草产业安全”的论文只有何爱民的《保障产业安全，让中国烟草健康发展》（2012），认为中国烟草业面临的国际竞争日益激烈，烟草专卖制度的弊端也日渐凸显。通过对与烟草产业有关的文献进行梳理发现，现有的研究主要集中在以下几个方面。

（1）WTO 及 WHO 与烟草产业关系研究。胡峰认为，《烟草控制框架公约》对于发展中国家的烟叶种植业、烟草制品业等产生影响，尤其对发展中国家的烟草大国影响较为严重。[①] 沈敏荣（2007）对《烟草控制框架公约》的特点和性质进行了分析。[②] 叶克林（2004）对“入世”后我国烟草产业的发展趋势与战略取向进行了分析，指出高额关税的大幅减让、非关税壁垒的逐步取消和零售市场的率先开放，是“入世”后中国烟草产业面临的新的国际环境，将呈现烟草专卖体制渐趋式微、国际竞争压力逐步增强、主要产品竞争日趋激烈等主要发展趋势。中国烟草优势企业在近中期应及时对规模扩张、并购重组、网络建设、品牌整合、科技兴烟和跨国经营作出新的战略选择与安排。[③] 金鸥等（2001）认为加入WTO后我国烟草业会受到农业框架协议的约束，烟叶和卷烟的进口关税大幅降低，将对烟草业形成较大的冲击；在技术壁垒方面，对卷烟的内在品质、安全型、低危害性卷烟要求更高；担忧国外的烟草生产商是否会出于占领市场份额的需要，采用低价倾销的方式冲击我国的国内烟草市场，并提出推进烟草大集团战略，加强国家对专卖管理的有效控制，从生产制造战略向服务战略转变等对策建议。[④] 蔡明聚（2001）分析了WTO农业框架协议、贸易技术壁垒、反倾销协议、补贴与反补贴协议对我国烟草业的影响，认为对我国烟草管理体制、烟草市场、烟草行业营销战略方面提出了挑战。[⑤]

---

① 胡峰：《〈烟草控制框架公约〉对中国烟草产业战略格局的影响及对策》，《未来与发展》2010年6月。

② 沈敏荣：《论〈烟草控制框架公约〉的特点和性质》，《法学论坛》2007年5月。

③ 叶克林：《入世后我国烟草产业的发展趋势与战略取向》，《产业经济研究》2004年第6期。

④ 金鸥等：《WTO有关协议对中国烟草产业发展的影响及对策建议》，《云南大学人文社会科学学报》2001年第27期。

⑤ 蔡明聚：《加入WTO的中国烟草业发展研究》，厦门大学硕士学位论文，2001。

（2）烟草产业政府规制研究。居欣（2011）对转型期中国政府专卖制度进行了研究，认为政企合一的管理体制、财政税收政策的不全面、以 GDP 为主要指标的政绩考核体系、垄断本身引起的低效和外部逐利行为以及官员的有限理性和调整法律法规本身的复杂性使得我国专卖制度的实施存在诸多问题。[①] 年志远、徐迟（2011）对中国烟草业体制改革进行了研究，认为由于烟草业的特殊性，其体制改革需要拓展新的思路，在不能大幅度扩大产量和调整价格的情况下，应以节约各项生产成本及以经营管理中的交易成本为体制创新的主导思想，进而完善现有的烟草业管理体制。王姚瑶、张丽（2009）认为现阶段应在烟草专卖制度下进行体制改革，政企分开是改革的重要环节，烟草体制改革涉及管理体制与财税体制。王树文等（2005）提出我国烟草业应加快推进改革，推进政企分开，理顺资产管理关系，加快工业重组和建立现代企业制度，改革税制和计划体制，鼓励有条件的企业“走出去”。[②] 周耀辉（2010）认为政府管制在制订标准、烟草科研攻关等方面起到了非常重要的作用，但也要充分发挥市场机制，以科技创新来推动烟草业的发展。[③] 俞晓天（2009）从管制与均衡的角度分析了我国烟草产业的管制，认为烟草产业存在市场失灵，烟草产业管制与一般产业管制不同，是促退管制和需求管制，提出我国烟草管制必须和国际接轨，使烟草市场结构向“有效竞争”发展。[④] 总体上看，这方面的研究主要探讨了我国烟草专卖制度与法制问题、烟草产业的

① 居欣：《转型期中国政府专卖制度研究》，南京师范大学硕士学位论文，2011。

② 王树文等：《加快推进中国烟草行业改革研究》，《中国工业经济》2005 年第 2 期。

③ 周耀辉：《论我国烟草产业的政府管制与科技进步》，《求索》2010 年 9 月。

④ 俞晓天：《论烟草产业管制——基于管制特征与均衡的分析》，《经济研究导刊》2009 年第 29 期。

改革与发展问题、烟草产业自身发展阶段存在的问题等。提出中国长期实行的烟草专卖带来了地方封锁、恶性竞争、效率低下等诸多弊端，中国烟草专卖法律制度的局限性越来越明显，世界烟草专卖法律制度的变革趋势对传统的专卖法律制度带来了新的挑战。

（3）烟草产业竞争力研究。曹航（2010）对我国一类卷烟品牌竞争力进行了评价研究，提出我国一类卷烟品牌竞争力的培育，要着重加强品牌管理，加强原料保障，加强科技兴烟，深化品牌营销，提升基础管理水平。[①] 郝凯等（2007）分析了湖南烟草产业的竞争优势，认为湖南烟草本土市场的优势较强，但烟草种植基础不足。[②] 顾建国（2008）对我国烟草工业企业的竞争力进行了实证研究，认为企业间的竞争力水平差距较大，强者趋强，弱者更弱，要提高我国烟草产业的总体竞争水平，必须深化企业间的联合重组。[③] 赵建成（2004）、肖金花（2006）等也对我国烟草产业的竞争力进行了研究。也有学者对某些省份如云南、江西等烟草产业大省的烟草产业竞争力进行了研究，有学者对某个烟草集团如玉溪红塔集团的核心竞争力进行了研究。从目前已有的文献看，关于烟草产业竞争力的研究多集中在烟草产业竞争力方面，一方面由于烟草产业在国民经济中的重要地位和作用，另一方面随着经济全球化的发展进程，烟草产业要面对更多来自发达国家烟草业的竞争和冲击，对烟草产业的竞争力进行研究，并制定提高产业竞争力的战略

① 曹航：《中国一类卷烟品牌竞争力评价研究》，武汉理工大学硕士学位论文，2011。

② 郝凯、旷纯：《基于 AHP 分析法的湖南烟草产业竞争优势研究》，工商管理国际会议论文，2010。

③ 顾建国：《中国烟草工业企业竞争力实证研究》，《财经论丛》2008 年 1 月。

措施，从而可以在竞争中求得生存和发展。关于烟草产业竞争力的研究多集中于进行中外烟草业的对比，在分析影响烟草产业竞争力的因素时还不够系统和全面。

3. 烟草产业安全定义

李孟刚教授在其专著中给出了产业安全的一般定义①，产业安全是指特定行为体自主产业的生存和发展不受威胁的状态。其一，产业安全的主体应为特定行为体的自主产业；其二，产业安全包括产业生存安全和产业发展安全两方面；其三，产业安全度可以通过评价产业受威胁的程度加以反推。参照产业安全的定义给出烟草产业安全的定义，即烟草产业安全是指烟草产业的生存和发展不受威胁的状态。

烟草业是一个极其特殊的行业，也是我国国民经济中重要的产业。在当今经济全球化背景下，产业安全不仅是国家层面的重要问题，更是各个产业发展面临的共同课题。自我国加入 WTO，开放烟草市场已成为必然发展趋势，烟草产业面临的外部国际环境也越来越复杂。自中国正式承诺履行 WHO 条款，社会性控烟趋势日趋严重，烟草市场推广受到极大的限制。烟草产业税利是国家财政收入的重要来源之一，如何促进烟草产业的可持续发展是当前亟待解决的问题。

4. 烟草产业安全特征

（1）从产业生存的角度，烟草产业安全要保证烟草产业的生存不受威胁。产业要生存，要保证该产业有一定的市场和市场份额，能够达到一定的利润水平，还必须实现货币资本、生产资本和商品资本循环的统一。从表面上看，我国烟草产业销售额和利税逐

① 李孟刚：《产业安全理论研究》（第三版），经济科学出版社，2012。

年增长，发展势头良好。然而，事实上目前中国烟草业效益的取得主要依靠专卖专营的体制，利润获取主要是靠政策保护，缺乏企业主体创造的竞争性利润。随着烟草产业改革与发展，如果一旦取消专卖专营体制，烟草产业发展将会面临很大困难。

（2）从产业发展角度来讲，当前中国烟草产业正面临着很大的威胁和挑战，主要体现在以下几个方面：

一是从国际发展环境来讲，英美烟草公司、帝国烟草集团、日烟国际及菲莫国际4大烟草巨头几乎占据了中国以外的全部国际烟草市场，其在国外市场的发展已达到一定的极限，均把下一个市场目标指向中国。

二是受WTO与WHO的影响，中国加入WTO以后，中国烟草业就不可避免地加入到世界市场中去，在享受其中便利的同时，也必须承担相应的责任和义务。加入WTO前后，中国烟草业一片“狼来了”的惊恐，烟草产业的发展面临一定的挑战。WTO的影响主要体现在市场开放。我国加入WTO，迎接国内市场国际化的竞争，对烟草业开放市场进行了承诺，在专卖专营体制下，烟草市场开放，但烟草分销系统不放开，但是一旦专卖专营体制取消，烟草分销体系则将全面放开，面对来自国际国内的各种竞争和压力也会接踵而至。十多年过去了，中国烟草业虽然在表面上没有受到太大的冲击，但是加入WTO对中国烟草业的影响却是实实在在的。中国于2003年11月签署加入《烟草控制框架公约》，2005年2月27日在中国正式生效，WHO呼吁所有国家开展尽可能广泛的国际合作，控制烟草的广泛流行。社会性控烟趋势日趋严重，越来越多的组织加入控烟的行列，卷烟制品包装要注明吸烟有害健康的警示标语、禁止烟草产品广告、公共场合禁止吸烟等一系列措施，使得烟草推广受到极大限制。此外还有相关法律法规的修改、废止、增加和完善，中国烟草产业组织正在朝着顺应国际化潮流、符合 WTO 和 WHO 规则的方向努力地改进和完善。

三是我国是一个烟草大国，但并不是一个烟草强国。我国烟草产销量均占世界的 30% 以上，在烟草业长期垄断、受国家政策保护的庇佑下，烟草产业发展缺乏竞争力。从烟草企业看，企业没有形成规模经济、竞争力不强的现象普遍存在。目前我国还没有一个巨型跨国烟草公司，也没有一个国际知名的卷烟品牌，中国烟草业“大而不强”是不争的事实。从国际烟草业范围来看，中国烟草产业不能影响更不能代表国际烟草业的走向。中国烟草企业没有国际品牌卷烟产品以及不能形成规模经济是中国作为烟草产业大国不能成为烟草经济强国的重要原因。

四是我国烟草产业国际市场份额低。作为全球第一大烟草生产国，我国生产的烟草制品绝大多数是供国内消费者消费的，参与国际贸易的比例很低，国际市场份额占比较小，这也一直是我国烟草业做大做强中的“短板”，烟草业拓展国际市场的能力仍然有待提高，有影响力的国际卷烟知名品牌尚未形成，还需要进一步拓展国际市场。

专栏 3：我国烟草行业的现状与问题分析

我国吸烟人数众多，约占世界吸烟总人数的 1/4，据统计，我国有 3.5 亿人为常年吸烟者，因此，我国也成为消费烟草制品的大国，在全球居首。与此同时，除了消费，我国烟叶和卷烟的含量在世界也是排第一位的。烟叶生产量占全世界烟叶生产的 35%，卷烟生产量占全世界生产的 32%，因此，中国当仁不让成为世界烟草第一大国。再看烟草市场份额。在全球 47.6% 的消费群体中，除去中国市场以外，以奥驰亚为首的国际烟草巨头控制着其余的

70.9%的市场份额，而我国烟叶和卷烟的出口量都非常小，分别仅占世界贸易总量的3.5%和1.8%，在激烈的国际市场竞争中处于劣势地位，与“烟草大国”的身份极不相符。我国烟草业“大而不强”是当前烟草业国际化发展面临的瓶颈。

1. 卷烟需求结构相对稳定，供给结构存在偏差

Jha和Chaloupka（2001）认为烟草制品具有上瘾性和有限替代性的特征，通过实证研究得出，烟草产品的需求价格弹性小于1，是典型的缺乏弹性产品。我国消费者的卷烟需求表现出对价格缺乏敏感性的特征，此外也呈现比较稳定的结构性特征。从卷烟档次上看，高档卷烟被赋予社会属性，成为社会地位的象征，比如说“中华”“玉溪”等中国传统的高档品牌，除了烟草制品本身的经济价值，长期以来也被赋予一定的社会属性。所以从这一角度看，能够消费高档烟的人群并不在乎价格高低，消费需求相对稳定，他们更看重的是品牌的社会价值。中档烟则是社会主流消费群体消费需求的表征，也是各地烟草公司竞争的重要客户。对于这类消费群体而言，他们就是烟草制品的最终使用者，所以更容易产生对烟草的依赖，一旦偏爱某一品牌，就会长时间购买和消费，这也使得消费中档烟的群体相对固定，不易变化。低档卷烟市场是另外一番景象，一般是需求大于供给，这类消费群体主要集中在农村，所以烟草制品要想占领这类市场，必须依靠低廉的价格。2007年，我国低档卷烟供给为7003.1亿支，市场需求为7009.5亿支，仍然有超过6亿支的市场缺口。由于烟草行业绝大部分的税收是依靠高中档卷烟的销售，低档烟由于利润少而无法激起生产者生产的热情，一直处于需求大于供给的非均衡状态。总之，从市场需求来看，我国中高端烟草市场相对稳定，低端市场供不应求，生产者不会轻易改变现状。

2. 烟草生产“集中化”趋势初见端倪，产业进一步聚集存在瓶颈

近年来，国家烟草专卖局以“大品牌、大企业、大市场”为战略指引，我国卷烟工业生产与品牌都走向集中化。2007 年，湖北、江西、广东中烟工业公司与所属工业企业进行了兼并重组，107 家中小型烟厂或进行平稳关闭，或实现联合重组，全国卷烟工业企业的数量也大幅减少，由 2003 年前的 180 多家减少至 2008 年的 31 家，大大提高了卷烟生产的集中化程度。此外，我国卷烟品牌也呈现集中化的趋势。据统计，2007 年，卷烟牌号数量有较大幅度的减少，全年在线生产牌号 173 个，同比下降 23.45%；全国重点骨干品牌的发展速度也非常快，已经有 13 个年产量超过 100 万箱的品牌，其中，前 10 个品牌的产销集中度为 37.8%，较上年同期提高 5.9 个百分点。然而，与世界烟草强国相比，我国烟草产业的集中度相对偏低，我国前四大烟草生产企业的总产量占全国烟草总产量的比例为 16%，相比美国这一指标值 96% 而言，我国烟草产业集中度还相差很远。烟草行业尚未发挥出应有的规模经济效益。此外，根据烟草工业企业跨省联合重组的计划，受到地方税收的利益牵制，在实施过程中可能会面临诸多限制，这些都阻碍了烟草企业的发展壮大。

3. 卷烟销售“画地为牢”局面未能根本转变，“大市场”尚未形成

国家烟草专卖局将“合理配置烟草系统的优势资源，实现全国烟草行业的统一大市场”定为重要的战略目标之一。自烟草系统工业与商业分离开始，就一直贯彻这一目标，这一目标本意是鼓励烟草公司拓宽营销渠道，打开市场，形成全国一盘棋，让商业企业的利润来自产品销售。但是，烟草税收制度规定要在生产环节进行征税，这样使得地方政府为了确保自己的地方税收而千方百计保

护本地的卷烟企业，地方保护没有根本改变，地方封锁仍然存在。据统计，2006年，全国共有36个名优卷烟品牌，其中一半品牌对省内市场依赖程度超过50%。由此可见，地方税收依赖是妨碍建立全国统一大市场的主要原因所在。正是由于缺乏统一的消费市场，烟草企业只局限于在地方发展壮大，有地方政府的庇佑，即便弱势企业也能生存，这种意识的存在使得企业没有更广阔的视野，也不愿开辟更广阔的市场，就没有动力继续做大做强，严重制约我国烟草产业的发展。

资料来源：梁媛、冯昊：《我国烟草行业由“大”转“强”的路径选择》，中国烟草市场网，2009年4月3日。http：//news. 163. com/10/1018/01/6J89BC4A00014AED. html。

专栏4：中国面对烟草业新政的挑战

2009年1月9日，是中国加入《烟草控制框架公约》（Framework Convention on Tobacco Control，FCTC，以下简称《公约》）后三年缓冲期结束的日子。

中国，作为FCTC的缔约国之一，承诺在结束缓冲期后开始有效执行FCTC关于控烟的规定，自此，应规定香烟的包装盒上警示图片或标语的面积不少于总面积的30%。

长期以来，不管是政策还是产业发展，中国烟草业都饱受争议。由于烟草业在我国税收收入中占据相当大的比重，产业改革推进也一直停滞不前。加入FCTC表明我国对烟草业改革的决心和力度，但同时也对烟草业的发展带来挑战。

1. 包装形象的改变带来市场挑战

著名烟业专家周阳敏博士在接受采访时表示：“FCTC从2003年就已经在实际运转，从那一年起，全球很多国家对烟草业进行了各种限制。自2005年左右，我国烟草行业也开始了针对FCTC的改革和监管，以遵守FCTC的相关规定。”

FCTC的诸多控烟条款中，核心的条款之一是针对外包装的限制规定。

目前，全球范围内有30多个国家已经要求将吸烟危害的警示语面积占到烟盒的一半以上，其中巴西占50%，芬兰占52%，瑞士占56%，澳大利亚占60%，加拿大占50%，比利时占56%，新加坡占50%。有12个国家已经通过法律，规定烟盒上必须有图片警示，例如被腐蚀的牙齿、腐烂的肺等。

中国已经在公共场所禁烟、青少年控烟等方面采取措施并获得了一定成效，但在外包装警示方面，仅仅是在烟盒侧面用较小字体标注了“吸烟有害健康”6个字，离FCTC的规定还差得很远。

周阳敏教授表示，实施外包装警示语的规定可能主要考虑以下四个方面的问题：一是广大烟民是否会受到包装图案变化的影响？二是普通民众能否在控烟问题上扮演更重要的角色？三是烟草企业对自身改革的接受程度如何？四是政府是否能够强制推行？

中国烟草业一直在进行改革试验，尤其在降低焦油含量、减少毒性等方面做了很多工作。

1992年1月1日，《中华人民共和国烟草专卖法》颁布实施，其中第十八条明确规定，卷烟、雪茄烟应当在包装上标明焦油含量级和“吸烟有害健康”的警句。

2002年1月1日，国家烟草专卖局又对卷烟包装体上有关警句的标注做了补充：卷烟盒、条、箱包装上应有“吸烟有害健康”的中文警句，卷烟盒体上所使用的中文警句字号不得小于五号字，焦油量和烟气烟碱量的中文标注字号不得小于六号字，且应标注在卷烟盒体侧面，标识突出，与背景有明显对比，字迹清晰可见。

实际上，我国烟草企业如中华、红塔山等品牌的出口香烟早已按国际通行规定来印制警示图片和标语。

2.《公约》的影响

周阳敏同时指出："从目前的情况看，支持做出外包装改革的力量远远弱于反对力量，也就是说这条规定实施的空间很小。"但是，我们有可能通过变通的方式来实施，比如警示标语的位置、图案等细则，FCTC 目前没有明确做出规定。

"2009 年 1 月 9 日，这只是一个象征性的时间，政府目前还没有出台具体的时间表。"周阳敏博士表示，我国烟草产业由于特殊的物流体系导致周转周期相对较长。即便要更换包装盒，按照我们目前的烟草订购方式，所需时间仍然长达半年到 8 个月。

因为烟草业终端的库存量很大，而且在严格管制制度下所体现的执行效率较为低下，政府很有可能给出一个一年或两年的缓冲期。

"中国烟草产业分为生产和销售两大板块，对于生产型企业变更包装导致利润空间压缩，从而影响较大，但烟草终端销售领域因为其垄断性，几乎不会受到影响。"周阳敏博士认为，香烟产品的消费弹性非常小，烟民往往会因为烟瘾而对更换烟盒的敏感性不强，且影响可能主要集中在对新增烟民的消费需求上。

除去个人消费，香烟还有一项重要的作用，就是作为礼品在市场上销售，这类礼品烟主要是一些高档香烟品牌，这类烟草制品高端、大气、上档次，但是价格也非常昂贵，在礼品市场占有一席之地。

首都医科大学副教授崔小波做了关于礼品烟的消费调查，结果显示，大约 1/4 的吸烟者抽的烟是礼品烟，但是如果烟盒上印满警示性的标语和图片，可能就不适宜作为礼品，这样就会对高档香烟的消费产生很大的影响。

一位老烟民表示，在香烟包装上印上警示性标语和图片，可能会对礼品烟市场有较大的影响，但对个人而言，毕竟对烟草已经有了一定的依赖性，也深知吸烟对健康的危害，但是受到警示性语言和图片影响而减少吸烟的可能性不大。

3. 烟草业改革

受到来自国内外的环境的影响，国内的烟草产业改革步履维艰，周阳敏博士是烟草产业领域的专家，他认为，以下四方面问题是目前我国烟草行业存在的致命问题：

第一，政企不分。政企不分是体制问题，一直以来都存在，企业和行政管理部门不分家，就会使得垄断存在，政企不分体制的存在也使得一些规定名存实亡，得不到有效执行。

第二，中国烟草业对走出国门、走向世界尚未做好充足的准备。比如FCTC的规定在中国实施会形成怎样的国际影响，中国烟草企业“走出去”如何规避国际法规等问题，尚未做出充分的政策应对。

第三，烟草产品分离生产制造和营销体系问题。这一矛盾问题一直以来都存在，且有越来越严重之势。如果企业只能够生产不能够销售，自然无法提高自身的抗风险能力。

第四，烟草品牌布局存在问题。我国烟草业经历了2006年和2007年的兼并重组，很多企业都拥有自己的大量的品牌，鱼龙混杂，品牌的整体布局混乱，且没有可行的全面的战略来调整烟草品牌的布局。

“就我的研究来看，我对第二条尤其担忧。”周阳敏博士告诉记者，在这四个问题中，他对第二个问题最为担忧，也就是国际贸易风险问题，我国的纺织品和打火机都曾经历过反倾销调查，我国烟草产品也有可能在将来遭遇严重的反倾销问题。

目前，FCTC是国际性组织，对于控烟的相关规定比较笼统而不具体，尚未形成一个统一的国际化的标准体系，各国有各国的情况。这些不同的控烟标准变成贸易壁垒相当容易，有可能发展成为我国烟草制品出口的贸易壁垒。

周阳敏博士还提到，现在红塔、中华等品牌开始“走出去”，走国际化战略，做得也相当好，但从总体上看，整个行业层面迈的步子还不大，仅有少之又少的企业“走出去”。伴随着我国国内烟草市场的饱和，烟草企业“走出去”是大势所趋。

周阳敏博士表示，中国烟草出口目前尚未形成规模，但是未来有可能形成规模化的趋势，烟草产业应该从产业整体和全局出发，深入研究跨国经营遇到的国际条约和贸易风险有哪些，并提前做好预案，防患于未然。此外，一定要加强行业改革，尤其是要加强对烟草营销机制的改革。

此次外包装警示语问题是中国烟草业遇到的一次挑战，在未来发展过程中还有可能会面临诸多挑战。企业发展既要追求利润，也要坚持社会责任，如何协调好两者间的关系，是烟草业要考虑的重要问题。

资料来源：吕斌：《烟草业新政的中国挑战》，《金融界》2009 年第 3 期，http：//finance. jrj. com. cn/2009/03/0609383754273. shtml。

二　中国烟草产业安全影响因素

（一）WHO 对中国烟草产业的影响

1. 国际控烟公约推进了国际烟草企业的全球性发展脚步，对中国的烟草企业形成威胁

中国作为发展中国家拥有相当庞大的卷烟消费群体，同时中国

的烟草产业民族企业居多，国际控烟公约对于中国烟草行业的发展产生的影响具有较强的特殊性。

WTO 为发展中国家的烟草业提供了国际发展的契机。烟草产业贸易壁垒在降低的同时会导致市场竞争加剧，进而促使卷烟的价格呈下降趋势。为了提高品牌卷烟的销售，必将导致烟草企业采用过度的广告宣传以刺激销售。产品价格与产品的销售量呈现反比例的关系，而广告宣传与需求之间的关系则相反。由于广告宣传促进了烟草的销售，进一步会导致由于烟草成瘾而产生的疾病患者和死亡率升高。

在全球经济一体化进程不断加快的今天，烟草的国际竞争也日趋激烈，国外企业加紧对国际市场的攻略。由于公约的出台，会大大降低大型烟草企业在本国的烟草销售量，而烟草企业绝不会善罢甘休，会进一步拓展国际市场的销售份额。中国是一个快速发展的发展中国家，拥有数量庞大的烟草消费人群，因此是世界上为数不多的具有迅猛发展势头的烟草消费市场。中国的烟草市场具有一定的中国特色，新中国成立以来其烟草市场始终处于完全封闭的状态，经过这样的保护性发展，中国的烟草产业积累了丰富的资金和经验。国外的许多大型烟草企业，对中国巨大的消费市场望而兴叹。但是，中国的烟草企业由于缺乏竞争经验，很难适应这种国际性的竞争环境，因此，公约的出台对于中国的烟草产业而言挑战多于机遇。

2. 在公约的框架下，中国需要迅速迎合烟草国际性发展的变革

中国的烟草市场在国内专卖体制的保护下，以及对国外烟草贸易的严格控制下，始终处于与国际市场隔绝的状态。中国加入 WTO 后，中国烟草市场面临着完全开放的历史性变革。中国的烟草监管体制始终掌握在政府手中，但是，加入 WTO 以后这种局面将发生变化。监管也从完全的国内事务转变为国际事务，控烟公约将对全球的100多个签约国家实行监管和干涉。中国首次被列入国际烟草管理框架之内，政府对于烟草行业的监管也因此受到了影响。烟草行业一直是中国国民经济收入的重要来源，同时烟草行业也解决了国家和地方的人员就业问题，因此，国家对于烟草行业的发展给予高度肯定。控烟公约最终会使政府对于烟草行业的管理幅度发生变化，这必将改变中国烟草行业未来的发展道路。中国的烟草行业在国际控烟公约的制约下，必须寻求国际化的发展之路，实现中国烟草“走出去”发展战略，为烟草行业的生存和发展争取机会。

3. 中式卷烟的单一化发展降低了中国烟草企业的国际竞争力

目前卷烟的类型主要包括混合型卷烟、烤烟型卷烟、雪茄烟，这里也包括一些烟草产品的替代产品。国际上主要是以混合型和烤烟型为主要的市场产品。中国生产的卷烟主要是中式卷烟，也叫作烤烟型卷烟，其生产和销售市场主要是中国。但是，国际上比较流行的卷烟类型是混合型卷烟，这基本上占据了国际烟草市场的绝大部分市场销售份额。中国地区的消费者主要以购买中式卷烟为主，这种消费习惯在短期之内很难改变。中国的混合型卷烟也比较著名，适合北京地区消费群体的“中南海”就是一种典型的混合型卷烟。尽管我国也有自己的混合型香烟，但是，这些香烟依然会受到来自国外的走私混合卷烟的冲击。自改革开放以来，随着中国向世界打开了国门，中国的烟草消费者也开始逐渐接受混合型香烟的口味，并在销售中占据了一席之地。对于中国的烟草企业而言，开发混合型烟草品牌，尤其是中高端的混合型卷烟品牌是关乎中国烟草企业发展的关键。但是，许多以混合型香烟为主打品牌的国际性烟草企业已经占据了较为成熟的烟草消费市场，拥有较为固定的烟草消费群体。而且，由于宣传和认识的问题，很多消费者认为中式卷烟的有害物质多于混合型卷烟而放弃中式卷烟的消费。就这一角度而言，中式卷烟很难被国际上的其他国家消费者的消费文化所认同，因此，中国亟待在技术上和品牌竞争战略上加强改进，以适应国际化的消费需求。

4. 中国烟草企业的基地化生产方式缺乏品牌竞争力

中国的烟草产业发展历史十分悠久，并通过长期的经营和发展已经形成了一些被广为认可的知名卷烟品牌。这些品牌具有较高的市场价值和群众的认知度，特别是许多烟草的高端品牌具有相当广泛的品牌消费群体，且这些群体具有较高的品牌忠诚度。烟草产业的品牌价值并不只是体现在特定的卷烟产品上，而在不断发展的过程中形成了一些衍生物，例如对于影视行业的影响、对于体育行业的影响以及许多烟草领域中的纪念品等，均给烟草企业带来了较高的经济收益，而且个别行业的收入已经超过了卷烟生产本身。因此，中国企业不能仅仅拘泥于烟草产品的生产，而应不断拓展经营范围，创造更大的品牌价值。

5. 国际控烟公约会滋生烟草走私而对国家税收造成影响

目前，烟草走私活动是减少政府税收来源的主要障碍，随之增加烟草税的国家控制手段也因为烟草走私而达不到预期的效果，烟草走私已经成为世界公认的一个大问题。控烟公约已经明确了大力打击烟草走私活动的目标，但是由于烟草的涨价、增税等手段，客观上使消费者需要消费更多的金钱来获得烟草制品，从另一个方面促进了走私烟草活动的盛行。例如，美国 20 世纪 20 年代颁布了禁酒令，不仅没有减少酗酒人群，反而使酒类走私活动更加盛行。最终，这项法令被迫中止。

中国通过改革开放的措施，打开了中国国门，进口卷烟惠及

中国的卷烟消费群体，但是另一方面助长了卷烟走私活动。走私烟草以低廉的价格获得青睐，并占据了相当的市场份额，这也造成了中国烟草企业的损失。控烟公约非常明确地表示了烟草行业对于人类生存和健康的危害，并试图通过法令的形式消灭烟草行业。中国的企业在警惕公约的限制性内容的同时，也要关注公约加大对于走私烟草活动的打击将为烟草业的发展扫清了道路。国际上的许多大型烟草企业都把打击烟草走私活动作为一个提高市场占有率的关键环节。从行业发展来看，不仅需要大力度地打击走私活动，同时关注竞争对手的违法经营手段，从而获得在国际上公平竞争的机会。中国也需要拿起法律武器，寻求竞争对手不法经营手段的赔偿。

专栏5：《烟草控制框架公约》深刻影响了发展中国家的经济发展

《烟草控制框架公约》的出台对于全球烟草产业产生了极为深刻的影响。但是对于发展中国家的烟草产业与发达国家的烟草行业的影响显著不同。通常认为，烟草产业的总产值如果越高，烟草市场越广阔，烟草产业对于一个国家而言就越重要。由于各个国家的经济状况不尽相同，烟草产业的波动往往对烟草产业大国产生严重后果。例如，美国、日本等发达国家的烟草行业通常采取跨国经营的方式，这些国家在世界烟草市场的经营中具有绝对优势。但是，这些国家的烟草产业通常具有较为完善的产业结构和较为庞大的经济总量，因此公约对于这些国家并不会产生非常严重的影响。相比之下，一些不具有上述优势的国家，尤其是一些以种植经济作物（烟叶）为主的农业国家而言，烟草产业的经济效益好坏，将会直接影响国民经济的发展。对中国、巴西等国家而言，烟草产业在国民经济中地位不可小觑，烟草行业已经成为国家以及地方政府财政收入的十分重要的部分。

烟草交易作为一种重要的国际化贸易形式，其原料供应国通常是世界上经济欠发达地区。17 世纪 60 年代晚期，美国的烟草贸易就十分盛行。随着全球经济的发展，烟叶种植技术也发生了巨大变化，烟草作为一种非常重要的消费品在全世界迅速蔓延。据官方数据统计，目前卷烟的生产已经遍及世界 130 多个国家和地区，烟草行业一直趋于集中化方向发展。烟草产业的发展开始从发达国家逐渐向发展中国家转移。

在世界卫生组织的积极努力下，许多拥有国际跨国烟草公司的国家纷纷制定了严格的控烟政策和法律。加上许多反烟组织的积极努力，以及世界上关于烟草的诉讼案例剧增，迫使许多跨国烟草公司面临高额赔偿，在烟草重税的影响下，烟草市场也面临萎缩的威胁。国际上著名的烟草公司为了在逆境中获得生存机会，纷纷在调整产业结构、完善内部组织、改进市场策略等方面进行了许多重大的改革。1980 年以后，烟草的国家垄断经营逐步被市场的自由化经营所取代，为烟草的世界贸易带来了发展的契机。这种趋势主要表现在国际市场卷烟的数量和交易额呈现不断增长的趋势，许多国际上的跨国烟草企业大力开拓发展中国家的市场份额，采用并购、兼并和建立本地卷烟企业等措施实现卷烟的本土化经营和发展。发展中国家已经成为重要的烟草市场，因此，在全球禁烟的浪潮下，发展中国家也会受到前所未有的打击。

1. 烟叶种植业受到控烟运动的严重影响

烟草种植业历来是一种非常重要的经济作物。目前，全球烟叶种植业已经逐渐转向经济欠发达并适宜经济作物生长的地区。尤其是近些年，一些发展中国家尤其是非洲的部分地区，已经将种植烟叶作为一种非常重要的增加国民经济收入的手段，所以，控烟运动必将对这些国家的经济发展造成严重的影响。

一般而言，全球禁烟运动的矛头指向是卷烟生产企业。而对于烟草种植方面没有给予过多的关注。但是，随着全球控烟形势的日趋严峻，烟叶种植开始成为反烟运动的新对象。因此，公约已经将烟叶的种植划归整体的控烟体系框架之中。这一措施导致种植烟叶的发展中国家的经济受到重创。为了平复发展中国家对公约中烟叶种植限制的不满，国际组织已经呼吁社会各界提供能够替代烟叶种植的其他经济作物，以弥补对于国民经济造成的巨大影响。但是，目前仍然没有适合的经济作物来替代烟草业的经济收入。

2. 发展中国家薄弱的烟草行业受到控烟运动的限制

历经100多年的发展，发展中国家的烟草产业发生了巨大的变化。发展中国家的本地化烟草企业大致可以分为三大类：一是具有殖民地色彩的西方烟草企业，经过发展和壮大，形成了具有本国特色的烟草企业；二是国家大力扶植的、政府组建的烟草企业；三是国家的民族资产阶级组建的烟草企业。与西方的烟草企业相比，发展中国家的烟草企业技术较为落后，资金不是十分充足，没有形成比较完善的营销体系。

国际的控烟运动主要是针对发达国家的大型烟草企业而进行的。相比之下，发展中国家受到的影响比较小。但是，为了体现公约的全面性和整体性，国际控烟公约也把发展中国家列入公约规范的体系内，这对许多发展中国家而言是一次生死存亡的考验。有些国家的民族烟草企业，经过长期的发展与积累，已经具有较为雄厚的资金和比较先进的技术，这些企业也撼动了国外烟草企业的垄断地位，促使国际上的烟草市场格局发生潜移默化的改变。

3. 发展中国家的就业问题凸显

发展中国家所面临的诸多问题中，就业问题是一个十分重要的问题。而控烟运动是对烟草业的一次“洗牌”，许多实力欠缺的烟草企业为了维持经济收入而不得不大面积缩减员工，造成了烟草业中的许多工人失业。发展中国家已经成为烟草业非常重要的原材料来源，控烟运动也会牺牲大量的优秀供应商，使这些企业被迫退出烟草业。同时，作为一种非常重要的经济作物，烟草业支撑了庞大的农业人口，这一行业的变化也会导致农村失业人口的增多。当然，有些学者也认为这是一个难能可贵的政府进行调整和逐步过渡的大好时机。

目前，在公约中争议最大的一个方面就是就业问题。不仅发展中国家高度关注这一问题，同时，为了维护世界经济形势的稳定，许多发达国家也十分关注这一问题。因此，公约本身对此没有进行较为严格的规定，只是在第二十六条第五款进行了相关性的规定，并没有做出十分明确的阐述。

4. 国家的财政和公共事业方面的发展受到全球控烟运动的制约

对于烟草的控制，主要是通过提高卷烟的零售价格、对烟草销售加以重税等手段限制烟草的销售。烟草产业是一个国家重要的税收来源，在国家的财政收入中占据着非常重要的份额。以津巴布韦为例，其烟叶的产量位于世界前三名，是本国主要的外汇收入。通过重税，烟草产业的利润必然会降低，随着卷烟价格的提升，卷烟的销售会受到影响，通过这个较为长期的调节就会降低卷烟的产量。从政府的角度而言，高税赋会弥补政府由于市场缩减而带来的损失，但是实际上仍会缩减政府的财政收入。

5. 控烟运动为发展中国家的国际市场进入设置了绿色障碍

控烟运动给全球贸易带来了不小的影响。尤其是目前各个国家都非常重视发展国际贸易，最终形成了全球性的贸易保护壁垒。对于发展中国家而言，新型的绿色壁垒成为阻碍发展中国家参与国际竞争的重要工具。发达国家已经制定了一系列诸如烟草的焦油含量、卷烟的尼古丁含量等非常严格的规定。鉴于此，许多发展中国家的烟草制品由于没有制定如此严格的限制，很可能达不到发达国家烟草进出口的标准，进而对发展中国家形成贸易壁垒。全球控烟运动无疑给发展中国家的经济造成非常严重的影响，国际组织呼吁世界各个方面对发展中国家提供相应的援助。在控烟公约中的第二十条第五款，以及二十二条的第一款，都对此做出明确说明，但是公约本身不具有强制力，所以也仅限于一种比较温和的倡导和呼吁。

（二）WTO 对于中国烟草产业的影响

1. WTO 对于我国烟草种植业的影响

烟草作为一种非常重要的经济作物也是我国一种非常重要的农业作物。世界上的许多国家包括中国在内都把烟叶种植和卷烟及相关制品的生产作为国民收入的重要来源。我国的财税体制使烟草产业与国家的经济安全密不可分，对于高税率的烟草企业始终保持着较高的发展积极性。“入世”以后，烟叶的进口关税低于农产品的平均关税。这将对我国的烟叶种植和生产产生影响。进口关税的降低会客观上使国内烟叶的价格与国外烟叶的价格持平，进而将会使本国的烟草丧失价格上的优势。另外，中国本土的烟叶质量与国外烟叶的质量有较大的差别，其质量很难与国外的优质烟叶相媲美。我国烟草行业的专卖制度和许可制度的配额，在农业框架协议的冲击下，我国的烟草市场将面临巨大的生存危机和挑战。

从烟叶的生产角度而言，我国是世界上为数不多的大型烟草生产国和消费国，但是我国的国际性烟草贸易却很少。这也说明国外的烟草企业经过长期的发展，从烟草的质量、价格以及营销策略等方面均具有比中国更强的竞争优势，在开放的环境下，国外烟草企业将会对国内烟草企业形成威胁。例如，云南是我国非常重要的烟叶生产基地，云南本地的优质烤烟是国内绝大多数卷烟厂的原材料来源，但是其烟叶的出口量却十分低，因此缺乏参与国际竞争的能力。由于国内烟草企业在垄断经营和专卖体制的保护下，缺乏必要的竞争经验和国际竞争策略，因此我国的烟草企业应该抓住市场开放的契机，大力发展烟草的国际市场份额。

2. 我国烟草企业面临的贸易技术壁垒

作为一种非常重要的非关税壁垒，技术壁垒对很多国家的企业进入国际市场设置了无形的阻碍。这一壁垒产生的最根本的原因是限制进口产品的数量，目的是保护本国企业和生产者的利益，使本国的文化风俗和社会、经济、政治等环境不会遭到外来文化的同化。相应制定一些以保护本国产品为主要目的，限制外来产品的技术法规和严格的标准等。按照国际惯例，进口到我国的烟草需要接受我国海关和边检的严格检测。国际上进口到我国的卷烟制品的检测项目主要包括产品物理指标的检测以及化学成分、微量元素含量的检测等项目，但是我国对于微量元素的检测等还是缺乏比较严格的规定，而其他国家都对此做出了比较详细和苛刻的规定，对于进入本国的烟草制品形成一定的控制。检测中对于主流烟气的检测非常重要，检测项目包括焦油含量以及烟碱含量，由于对于一氧化碳的检测还没有明确的规定，所以也没有列入检测项目之内。对于国外进口烤烟的检测项目包括烤烟的等级、烟叶水分含量、烟叶的外包装、烟叶的卫生情况等，检测的主要是烟叶的病霉情况等。目前国际上烤烟的交易方式仍然采用制样交易，许多国家的烟草等级等方面的标准均不统一，而且我国的检测项目中转基因、放射性物质

以及重金属含量还没有列入检测范围。

随着国际控烟运动的升级，对于烟草的质量要求愈加严格，消费者追求低焦油含量的健康卷烟，烟草技术壁垒应该符合国际上通行惯例，并赋予所在国家一定的灵活度，并适当地结合本国的风土人情，从切实保证消费者健康的角度，制定相关的非歧视性的控制政策。技术壁垒一方面会保护我国烟草企业在“入世”后的正常经营活动，另一方面通过制定相应的标准可以提高我国烟草的质量，提升烟草企业的品牌竞争力。

3. 我国烟草企业的反倾销策略

在全球经济一体化的潮流推动下，促进了世界上多数国家的经济发展，但是也给发展中国家带来了负面影响。由于市场竞争的加剧，国际上出现的反倾销活动日益高涨。根据 WTO 的有关规定，倾销是指如果一国出口到另一国的产品价格低于出口国同类产品的正常贸易价格，也就是低于正常价格进入另一国，这种销售行为将被视为倾销。针对倾销活动，出口国为了限制这种不正当的竞争活动，将采用加增倾销税的方法限制进口产品的数量。倾销税是除去海关税和一些正常的费用之后的附加关税。WTO 规定，反倾销税的额度应该小于等于倾销幅度或者是倾销差额。我国从 1999 年开始与美国签署了 WTO 协议，并对美国做出了许多关税上的让步，这样做的结果就是促使美国价格低廉的烟草制品堂而皇之进入中国市场而没有受到限制，挤占了我国大部分的烟草市场，对于我国的烟草企业而言，将面临着非常严峻的考验。

4. 我国烟草企业的出口补贴

补贴政策的主要目的是保护本国产业免受或少受国外品牌的冲击。目前我国的烟草企业主要有出口贴息和出口退税两种主要的补贴形式。第一种形式：在全国范围内对于烟草出口企业采用出口奖励的方式促进出口。例如，以出口 1 美元为例，将会奖励 0.03 元人民币。同时为了鼓励出口，各省份还制定了不同的贴息利率，如在 WTO 初期，云南省制定了每出口 1 美元奖励 0.06 元人民币的奖励额度。政府将这部分补贴以直接补贴的形式补贴给出口的烟草企业。第二种形式：这是一种税收方面的补贴方式。主要是针对卷烟出口企业而言，通过免征免退和不征不退的政策来对出口企业实行优惠。

从我国的烟草补贴情况来看，云南烟草的出口补贴并没有逆转云烟出口价格不具有竞争优势的局面。例如，美国的品牌烟万宝路去税后的价格为 158 美元/件，而我国的红塔山出口价格是 200 美元/件，巴西的 FOB 的上等烟叶价格为 4200 美元/吨，而云南省的出口烟叶价格很难达到这个价格，换句话说，只有出口烟叶价格达到 6000 美元/吨时，我国的烟叶出口企业才会获利。因此，为了促进我国烟草的出口活动，争取国际烟草市场的份额，我国政府需要加强对于烟草企业的各种补贴以扭转出口颓势。

（三）专卖制度对于烟草产业的影响

中国烟草产业最基本的特征就是烟草专卖制度，这也充分体现了我国烟草产业的行业垄断的特征。我国的烟草财税体制一方面影响了烟草企业的运营模式，也影响了烟草市场的基本结构，决定了我国烟草行业自上而下的利益分配方式。

1. 中国的烟草专卖体制

中国烟草总公司成立于 20 世纪 80 年代，这一机构主要负责全国烟草行业的供销工作，以及人力资源和物力资源的整体调配工作。此后的一年中，国家迅速计划组建了烟草专卖局，并由国务院颁布了《烟草专卖条例》，揭开了中国烟草专卖的篇章。1984 年 1

月，国家烟草专卖局成立，同时各地的烟草专卖局也纷纷以地区为单位设立起来，在行政管理体制上，采取的是统一领导、垂直管理的模式。从实际的运行情况来看，国家烟草专卖局和烟草总公司实际上是一套机构、两套牌子。1991 年 6 月第七次全国人民代表大会常务委员会第二十次会议通过了《中华人民共和国烟草专卖法》（简称《烟草专卖法》），半年之后这部法令正式实施，自此中国烟草专卖制度以法令的形式被巩固下来。从更严格的角度上来看，违反烟草专卖法也就相当于违反了国家法律，可见烟草专卖法有着与国家法令同等的效力。1997 年 7 月，国务院颁发的《烟草专卖法实施条例》又对中国的烟草专卖行为做了非常详细、具体的规定。

中国的烟草专卖制度已经明确烟草专营专卖的范围，包括卷烟、雪茄烟、烟丝、复烤烟叶、烟叶、卷烟纸、滤嘴棒、烟用丝束、烟草，同时专卖法严格规定烟草专卖活动必须由国家有关部门有序进行，对于烟草及相关制品的生产、销售以及国际上的进出口活动都要通过许可制度进行授权。同时从物流运输的角度进一步规范，烟草专卖的运输活动必须获得特定的运营许可方能进行。对于卷烟的原材料烟叶，必须实行严格的国家定价，对于地区烟叶的种植活动、烟叶收购活动以及烟叶的调拨活动均需要进行正规的合同式管理，同时最重要的是，对于烟草企业的设立、基础设施的建设等方面进行了非常详细的规定。并进一步强调，国家的烟草经营活动必须由烟草专卖局统一进行管理。

对于烟草专卖产品的价格也有着非常严格的规定，《烟草专卖法》第十七条规定：国务院烟草专卖的专管部门与物价主管部门按照国家卷烟的等级对卷烟进行定价。对于卷烟价格的调整主要经历了三个非常重要的阶段：1987 年之前，卷烟价格实行的是政府定价，再由烟草专卖局根据卷烟的具体销售情况等进行审核。1988年以后，国家进一步放松了对于烟草专卖品的管制，实行了一些烟草专卖方面的改革措施。2003年以后，国内烟草企业面对WTO和WHO的双重压力产生了巨大的波动，此时烟草专卖局恢复了为卷烟定价的价格规制管理办法，并根据产品和品牌的不同对于烟草进行统一定价。尤其是在卷烟的零售环节上，采取对卷烟进行明码标价。

2. 中国的烟草财税制度

烟草行业在中国所涉及的税收项目较多，其中消费税、中央企业所得税、增值税的75%划归中央所有，烟叶税、增值税的25%、城建税、地方企业所得税属于地方收入。通过这一税收征收方式从根本上决定了中央返还地方税收的主要依据。从这个角度而言，地方对于烟草税收的获益更大，因此，地方比国家更加关注本地区的烟草企业的经营情况。2009年之后，烟草消费税在没有任何特殊规定的情况下，完全由烟草企业缴纳，这使烟草企业面临着与其他行业不同的税负标准。例如，2008年全国烟草企业上缴的税款额度为2338.81亿元，而国内的商业企业所缴纳的税款却仅为302.05亿元，可见烟草企业是我国税收的主要来源。

在1994年以前，中国烟草企业享有与其他企业一样的税款缴纳额度。但是此后我国的烟草企业的税收缴纳经历了几次主要的变化。第一个阶段，要求国内的各类卷烟企业统一征收40%的消费税。当然税费的统一对于不同的烟草企业产生了不同的影响，例如生产高档烟的烟草企业，其利润额较高，因此统一税费对其影响并不大，但是对于生产中低端烟草品牌的中小型卷烟企业而言变得举步维艰，许多中小卷烟企业面临亏损甚至倒闭的局面。第二个阶段，实行了较为科学的差别税率。首先将烟草分为三类，一类烟缴纳的税率为50%，二类和三类烟缴纳的税率为40%，四类和五类烟缴纳的税率为25%。实行差别税率，一方面使已经亏损的烟草企业获得重新发展的机会，同时也促使国内大型烟草企业失去了原有的优势，当然这一时期中国的烟草企业具有的特点是烟草的地方保护主义盛行，国内烟草品牌的集中度分散，烟草企业多但是具有较强竞争力的大型烟草企业缺乏。第三个阶段，采取了卷烟消费税率的量和价相结合的税收形式，采用定额税的形式进行征收。这一税收方式使诸多中小型的烟草企业无法扭转亏损的局面而最终退出了烟草业，这一税收方式也降低了转移定价而使很多企业获得了税收规避的可能性。第四个阶段，通过烟草消费税率的变动来进一步有序调整烟草工商业的利益分配形式，这一方式没有影响烟草本身的零售价格，也不具有"空盒子"烟草销售的可能性。

（四）中国烟草产业结构分析

1. 我国烟草产业的产权结构分析

中国的烟草专卖制度决定了烟草产业的产权完全集中在国家手中。中国加入WTO后，可以允许国内企业吸收外资进行联合建厂，但是，其审批形式十分复杂，而且明确规定了外资投入的比例限额。

从产权关系的角度而言，我国的烟草业始终遵循严格的烟草专卖制度，但是从烟草业的发展历史来看，烟草业的产权关系并不明晰，我国的《烟草专卖法》严格规定，烟草产业的产权必须严格落实到位，这种局面在一定形式上限制了我国烟草企业竞争力的提升。国务院印发《关于进一步理顺烟草行业资产管理体制深化烟草企业改革的意见》，在该意见方针的指导下，我国的烟草企业形成了总公司和省级烟草公司的两级管理体制，进一步形成了总公司、省级公司以及地方公司的商业管理体制。

2. 中国烟草产业的市场结构分析

烟草行业有其自身的技术特点和经营特点，烟草制品的特殊经营性质决定了烟草行业需要采用集团式或者是大规模的经营形式来组织营销和生产活动。据统计，我国 1993 年共有卷烟企业 185 家，其中年产量超过百万箱的卷烟生产企业只有 4 家，年产量超过 50 万箱的卷烟企业也仅有 14 家，年产量超过 30 万箱的企业有 38 家，年产量为 10 万箱或者 10 万箱以下的企业却有 95 家。中国的卷烟企业呈现分散经营发展、单个企业实力较弱、整个行业竞争力不强的状态。从 1998 年至 2008 年的 10 年间，有近 150 家中小型卷烟生产企业在新政策的“洗牌”下或重组或兼并，或退出了烟草行业。

3. 我国烟草产业的品牌结构分析

中国烟草企业的最大特点是品牌的集中度低，单个品牌的竞争力需要加强，全行业的竞争力仍有待提高。1990 年以后，中国自有的卷烟品牌已经发展到 2000 多个，卷烟的规格已经达到 3000 多个，而且最重要的特点是每个品牌的卷烟产量均不足两万箱。2000 年，根据有关数据统计，国内的卷烟品牌号为 1152 个，卷烟的规格达到了 2201 个，每种品牌卷烟的产量为 2. 5 万箱。2001 年“入世”以后，我国的烟草专卖局开始扶植本国具有特色和竞争力的烟草品牌，对抗由于开放的国际市场给中国本土烟草企业带来的冲击（见表 4）。

表 4　2001～2009 年中国卷烟牌号数量变化

年份	2001	2002	2003	2004	2005	2006	2007	2008	2009
牌号数量	1049	758	582	494	325	224	173	155	138

4. 中国烟草企业运营策略分析

中国烟草行业受到专卖制度的严格保护，市场运行机制很难调节烟草行业的发展，国家行政权力成为烟草行业人力资源和物力资源的主要调配者。国内烟草企业受到烟草专卖局的行政性干预，主要表现为以下几个方面。

（1）国内烟草企业的过度投资。对于烟草加工企业而言，烟草的加工是一项低投入高回报的行业，因此，各级地方政府都鼓励当地农民进行烟叶的种植，在本地创建烟草加工厂。国内的绝大部分省份和地区均纷纷投入建设烟叶种植基地，开办本地区的烟叶加工企业。据不完全统计，20 世纪 80 年代到 90 年代的 10 年间，国内的卷烟销售量从 1467 万箱上升到 3134 万箱，增加了 1600 多万箱。到 1996 年这种增长趋势有所放缓，其主要原因是我国的烟草市场正经历着从快速增长到稳定成熟阶段的过渡。这也说明了，再继续对烟草行业进行大规模投入必将会产生资源浪费。

烟草是一种能够上瘾的特殊消费品，这种消费品不仅会对消费者身体造成危害，同时也会增高社会的隐性消费成本。目前我国的烟民已经超过 3 亿人，被动吸烟的人群已经达到 7 亿人。尽管如此，烟草业的大规模扩建和发展也没有停住脚步。2005 ~ 2008 年的 3 年间，烟草业的建设性投入为 200 亿元人民币。中国烟草产业的大规模过度投资不利于控烟活动的进行。

（2）国内烟草企业排斥潜在竞争者。国内的烟草专卖制度在保护本国烟草企业的同时也在客观上阻碍了其他资本进入。由于烟草行业的高税收利润，各级政府都支持本地区的烟草加工企业。尽管国家明令禁止任何形式的地方保护性措施，但个别地区仍支持销售本地的卷烟产品。2002 年，我国只在本省份销售的卷烟占卷烟销售量的74%，而能够在不同省份之间销售的烟草制品仅占26%。2006年，在本省份销售的卷烟下降到61%，而省间可以流通销售的卷烟上升为39%。对国内销售额排在前10位的卷烟品牌进行调查，结果显示，这些品牌对于省内卷烟销售市场的依赖程度为42%，均低于上述两个统计数据。与国际市场相比，我国的烟草出口总量为40万箱，仅占烟草销售总量的0.8%。国际上其他国家的烟草企业的烟草出口量占总销售量的一半以上。我国政府的烟草企业在排斥竞争的环境下，必然会失去提升自身竞争力的良机。

（3）国内烟草企业的重组与联合。中国烟草企业的卷烟生产量必须严格按照烟草专卖局的相关规定，因此，烟草企业的联合和重组将会扩大企业原有的生产数量和指标，许多烟草企业开始选择重组用以获得更大的规模生产效益。这种方式不仅促进了烟草企业的发展和成长，加快了烟草产业结构调整的步伐，通过这种方式还会形成中国自己的大型烟草集团以对抗国外的烟草巨头。从1998年起，国家开始大力整治落后的小型卷烟生产企业。至2002年底，我国已关闭中小型卷烟企业102家。一年以后，开始对国内卷烟产量在10万箱以上的17家企业进行重组。2004年，进一步推进了重组改革，推进了卷烟产量在30万箱以下的企业进行联合重组。2008年，在烟草专卖局和中国烟草总公司的指导下，我国广东、广西、内蒙古、海南、辽宁等省区的烟草公司进行了跨地区的联合重组。同年年底，云南省的红塔、红云、红河等主要烟草生产企业组建成两个大型的工业集团公司。截至2008年底，中国的卷烟生产企业已经下降至30家。

烟草企业的联合重组主要是通过国家行政命令的形式进行的，而市场并没有发挥应有的作用。地方政府为了加强对于本省烟草企业的掌控，比较倾向于烟草企业的省内重组行为，因为这种重组方式对于本省的财税收入影响较小。但是，省间的烟草企业的联合重组一般涉及的问题比较复杂。当然，不论是省内和省外重组都要遵循国家烟草专卖局等行政机构的政策指导。

参考文献

[1] Joossens L., Raw M. "Cigarette Smuggling in Europe: Who Really Benefits?", *Tobacco Control*, 1998 (7): p. 66 - 71.

[2] 郑富钢、赵百东、程永照：《〈烟草控制框架公约〉履约前基本情况调查报告和履约思路的思考》，《中国烟草学报》2005 年第 1 期。

[3] 段宁东：《〈烟草控制框架公约〉履约动态及其对烟草发展的影响》，《中国烟草学报》2008 年第 2 期。

[4] 胡峰、朱尊权：《论烟草控制全球化中的国际政策协调》，《云南民族大学学报》（社会科学版）2008 年第 6 期。

[5] 李长城、沈敏荣：《中国履行〈烟草控制框架公约〉的挑战》，《经济研究导刊》2008 年第 3 期。

[6] Snell W., Halich G. *Tobacco economics in the post buy out era.* Kentucky tobacco production guide. Kentucky Cooperative Extension Service, 2007.

[7] 蔡拓：《全球治理的中国视角与实践》，《中国社会科学》2004 年第 1 期。

[8] 陈颖健：《全球治理视角下的〈烟草控制框架公约〉研究》，《新疆大学学报（哲学·人文社会科学版）》2008 年第 1 期。

B.3

中国烟草产业安全评价体系构建

摘　要：

本节以探索烟草产业的健康持续发展为研究主线，基于产业安全的基本理论以及评价方法，科学地设定了烟草产业评价的基本指标，共选取一级指标6个，二级指标32个，并对经典的AHP模型进行改进，构建了GEM-AHP的烟草产业评价模型。为了验证模型的有效性，本文以云南红云红河集团为研究对象进行实证研究，研究结果表明该模型运算准确，评价结果客观，对于评价烟草产业的产业发展状况及潜在风险具有一定的理论与实践价值。

关键词：

产业安全　烟草产业　GEM-AHP模型　实证研究

一　中国烟草产业安全评价的理论基础

（一）产业安全评价的理论基础

1. 产业保护理论

产业保护的基本理论包括重商主义保护民族工业思想、汉密尔顿的保护关税理论、李斯特的幼稚产业保护理论、约翰·穆勒的“新生产业保护论”。产业保护主要是指政府为了保护本国产业而在一定时间段内制定的保护和支持政策。这种保护理论实际上可以看作一种政府干预的行为。在开放的市场条件下，产业保护应该与排斥竞争区分开来。产业保护的最基本的思想是：通过保护产业达到保护企业竞争力的目的；在国际法允许的范围内对产业实施灵活多样的保护；产业保护的对象应该是重要的产业而且具有较强的产业外部性；产业保护的难点是对外开放的程度以及对保护的程度的把握。这种保护应该是短暂而有效的，能够促进产业自身的技术外溢，同时不断壮大参与国际市场竞争的能力。

2. 产业损害理论

这一理论主要是研究防止进口商品对于进口国低价倾销活动而产生的对于目标国产业的影响。这一理论的目的是准确判断这种倾销行为是否会对这些产业形成损害以及造成损害的程度。WTO 的《反倾销守则》已对此做出了相应的规定。

3. 产业国际竞争力理论

这一理论的基础包括马克思主义的劳动价值理论、国际贸易比较优势理论、波特的“钻石体系”以及波特－邓宁模型等。这一理论是研究国家和地区的综合竞争力在该国的各个行业的表现。对于一个国家而言，企业的竞争力在一定程度上决定了一国产业的竞争力水平。这种竞争力表现为一国的产品与其他国家的同类产业生产的产品相比具有的优越性。一般国际竞争力经过要素驱动阶段－投资驱动阶段－创业驱动阶段－财富驱动阶段。

4. 产业控制理论

这一理论以产业组织理论和国际贸易理论为基础，此后又逐渐融合了海默－金德尔伯格的垄断优势论、维农的产品周期理论、邓宁的国际生产折中理论等。产业控制理论主要是研究国外资本对于东道国产业的控制情况，通过对东道国控制的程度分析该国产业安全的情况，本国资产对于本国产业的控制力主要是通过外资对本国产业的控制。从产业安全的视角，外资的控制力和东道国的控制是一种博弈关系，实际上是这两种势力的对决。一般而言，如果东道国的产业控制力大于外资对于产业的控制时，表明本国产业处于较安全状态；相反，则处于不安全的状态。外资的控制主要是指对于企业资本、技术、产品品牌、企业股权、经营决策权等方面的控制。

（二）烟草产业安全评价方法研究

1. 关于烟草产业国际竞争力的研究

对于烟草产业竞争力的研究始于国外知名学者迈克尔·波特的竞争理论。Schnorbu 等（1999）采用波特的五力竞争模型分析了美国烟草工业的发展现状的竞争情况。Knight Ono（1999）的研究更加深入，他主要从分析国际烟草巨头的收购行为出发，从企业的制度建设、经营管理方法和营销策略等方面进行研究，目的是分析烟草企业的收购行为可能带来的影响。对于烟草国际竞争力的研究始终是诸多学者关注的焦点，例如，有些学者会从烟草的出口、国际市场竞争、国际市场占有率、国家对于烟草的政策与税收等方面进行研究，也取得了一定了研究进展。

中国对于烟草行业国际竞争力的研究起步较晚，20 世纪 90 年代末期以后对于这方面的研究开始作为专题性的研究受到相关学者的重视。学者最关注的角度是我国烟草产业与国外烟草产业竞争力的比较研究。李保江（2002）和赵建成（2004）主要是从我国的财政税收体制出发研究提升我国烟草产业国际竞争力的策略。也有一些学者没有从比较直接的角度研究我国的烟草产业竞争力，而是从间接的角度进行研究。

2. 关于烟草产业竞争力的评价研究

（1）关于烟草产品竞争力的评价研究。这方面的研究主要集中于烟草产品的品牌、质量以及烟草口味等方面展开。邹昭昭等（2000）分析国际烟草市场主要烟草制品的优势，从而分析我国烟草企业如何构建自身优势的方法。章红雨（2003）以沈阳卷烟厂为研究对象，采用SWOT分析方法，提出了提升企业核心竞争力的方法。

（2）关于烟草企业竞争力的评价研究。这方面的研究主要是针对烟草企业的物流运作、资产运营情况、科技研发等方面进行研究。袁国旺（2003）采用定性比较的方法，针对玉溪红塔集团核心竞争力的提升问题进行了研究。目前，烟草企业的物流环节已经做得比较完善，肖淑英（2005）从提升我国烟草物流水平的角度，提出与国际化烟草物流接轨的研究设想。李景武（2007）的研究着重于提高烟草行业的自主创新能力，从而确保本国企业具有较高的核心竞争力。将中国的玉溪卷烟厂与国际烟草菲莫公司进行比较研究，分析了我国烟草的竞争力薄弱点，并提出了较为合理的建议。

（3）烟草产业的竞争力评价研究。这部分的研究主要针对我国烟草产业的发展策略、制度建设、盈利情况、专营专卖体制、工商分离的发展趋势、产权制度的改革方法等方面进行研究。赵建成（2004）从分析烟草产业的竞争环境入手，分析比较了我国烟草产业与国际上的烟草企业之间的优势与差距，并提出了改变我国烟草产业劣势的建议。这一研究的主要贡献是对于我国烟草产业进行客观的、定量化的评价，但是对于区域性发展的烟草产业特征涉及较少。于强（2004）的研究主要是围绕我国烟草产业的特点，发现我国烟草产业中具有竞争实力的企业较少，烟草产业中的多数企业发展良莠不齐，需要通过并购和重组等方式来提高中国烟草企业的竞争实力。罗宏斌（2002）主要以陕西烟草业的发展为研究对象，分析了陕西地区实施烟草品牌战略的一些举措，并采用波士顿矩阵法对于区域烟草的主导品牌进行定量化的研究。张立新（2001）主要是对比了我国烟草企业与国外的大型烟草企业存在的差距，并提出了战略调整的思路。

（4）烟草产业的综合评价研究。陶明（2005）基于产业经济学的相关理论和制度经济学的相关分析方法，对于我国的烟草专卖制度进行研究，从而提出了变革我国烟草产业制度的建议。李天飞（2004）通过分析烟草企业的竞争战略、优势和劣势、企业行为等方面，研究了我国烟草企业的竞争优势的途径。李赛（2002）分析了我国加入 WTO 以后，我国烟草产业竞争环境变化，提出了在开放的条件下，增强我国企业实力的方法。李景武（2008）研究了我国烟草企业可以又快又好发展的最基本的措施，以及发展的愿景目标。

二　中国烟草产业安全的评价指标体系构建

（一）产业安全指标体系设定的内容

烟草产业安全的评价指标体系的设定主要是遵循李孟刚教授的《产业安全理论研究》一书中指标体系设定的基本内容，同时结合烟草行业的特点，得到下述指标体系（见图 1）。

（二）烟草产业安全指标体系的选择

产业安全评价指标体系的构建需要遵循系统性的原则、相关性的原则、可测性的原则、可控性的原则、阶段性的原则、科学性的原则、战略性的原则、规范性的原则和实用性的原则。同时，在指

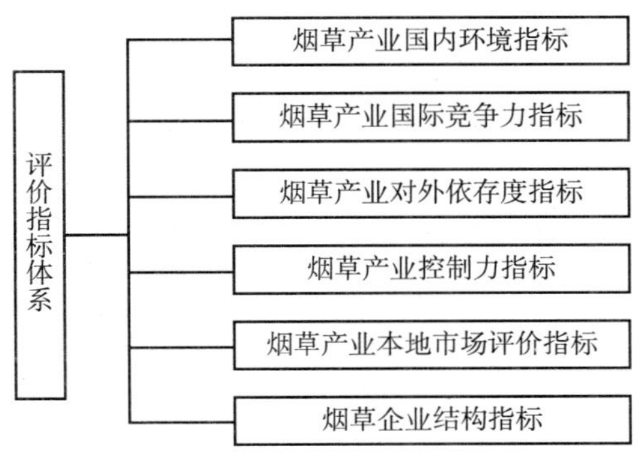

图 1　烟草产业评价指标体系

标选取时，也考虑到我国烟草产业的特殊性，最终选取了 32 个对于烟草产业进行有效评价的关键指标。根据我国烟草行业的外部影响因素与内部影响因素，并对云南红云红河集团的高层管理人员以及烟草专卖领域的专家进行咨询后最终确定了下述指标（见表 1）。

表 1　中国烟草产业评价指标体系

准则	一级指标	二级指标	指标解释
国家制度与竞争力 B1	烟草产业国内环境指标 C1	国家烟草垄断程度 D1	国家的烟草专营专卖体制
		区域烟草垄断程度 D2	区域烟草的专营专卖体制
		国家烟草财税制度 D3	国家层面的财政和税收制度
		区域烟草财税制度 D4	区域层面的财政与税收制度
		对烟草产业的金融扶持力度和有效程度 D5	国家对于烟草企业在资金方面的支持程度
		国内烟草的需求 D6	国内烟草市场的需求情况
		国内烟草行业的劳动力成本 D7	国内烟草企业在劳动力方面的支出
	烟草产业国际竞争力指标 C2	产业国内市场占有率 D8	烟草企业在国内的市场占有率
		产业国际市场占有率 D9	烟草企业在国际市场的占有率
		产业贸易竞争力 D10	烟草产业的对外贸易竞争能力
		产业 R&D 费用 D11	烟草产业在技术研发和科技创新方面的投入
		产业集中度 D12	烟草产业的集中程度
		产业国内竞争力 D13	烟草产业的国内竞争力

续表

准则	一级指标	二级指标	指标解释
国外控制B2	烟草产业对外依存度指标C3	产业进口对外依存度 D14	烟草产业对于进口产品的依赖程度
		产业出口对外依存度 D15	烟草产业对于出口产品的依赖程度
		产业资本对外依存度 D16	国内烟草企业生存对于外资的依赖程度
		产业技术对外依存度 D17	国内烟草企业生存对于国外技术的依赖程度
		产业出口对外资企业依存度 D18	烟草企业生存对于出口产品的依赖程度
	烟草产业控制力指标C4	烟草行业市场控制 D19	我国烟草企业对于行业市场的控制情况
		烟草行业品牌拥有率 D20	我国烟草企业对于烟草品牌的控制情况
		烟草行业股权控制率 D21	我国烟草行业对于本行业股权的控制情况
		烟草行业技术控制率 D22	我国烟草行业对于自有技术的控制情况
		重要企业受外资控制情况 D23	我国重要烟草企业受外资控制的情况
区域经营B3	烟草产业本地市场评价指标C5	区域品牌知名度 D24	烟草企业的知名度
		区域烟草市场规模 D25	区域烟草企业占有市场份额分析
		区域烟草市场发展前景 D26	区域烟草市场未来的发展状况
		区域烟草消费者的忠诚度 D27	区域消费者对于某品牌是否会一直追随
		区域烟草需求情况 D28	本地区的烟草制品的需求情况
	烟草企业结构指标C6	烟草企业的管理水平 D29	烟草企业的微观管理水平
		烟草企业的总体经营水平 D30	烟草企业的经营状况分析
		烟草企业的规模竞争优势 D31	烟草企业是否具有一定的规模竞争优势
		烟草企业的区域交流与合作 D32	烟草企业是否与其他区域和国家的烟草企业进行合作,以及合作的情况如何

三　中国烟草产业安全的评价模型构建

（一）烟草产业安全的 GEM-AHP 评价方法

国际著名学者、加拿大籍的经济学家 Padmore 和 Gibson 对 Porter 的五力“钻石模型”进行了改进，最终得到了 GEM 的基本模型。这一研究方法主要是针对企业发展中的三种关键因素进行分析，并将这些

优势因素进行赋值，对于赋值结果进行计算，从而得到集群线性分析数值，从而得到最终的结果。这是一种非常难得的定量化的评价方法，而且这一研究方法不仅仅被应用于烟草领域，同时在其他领域也得到了应用。本报告将采用这种方法对我国烟草产业的发展情况做一定量化的评价。本报告将选取云南红云红河集团作为研究对象进行评价。

将所研究的问题进行层次划分，并采用层次分析法（AHP）进行分析。首先对问题进行分析，对问题进行分类，同时要明确研究需要达到的目标。接着将问题进行分解，分解后的问题由不同的要素构成。然后按照因素间的相互关系以及因素间的隶属关系将因素进行合理的归类，形成一个层次鲜明的分析模型。而最终分析的结果可以看作分析活动的最下层，从而可以得到相对于最高层的赋权数值来分析因素的排列次序。

在整个分析过程中，不同层次的因素之间的关系可以转化成不同因素之间的判断和比较。为了将定性化的分析转化成定量化的计算，一般在整个方法中引入9个比率标度，同时将这些标度写成矩阵的表达形式，从而构成一组判断矩阵。形成一组判断矩阵后，那么问题变成了对于矩阵最大特征根和向量的计算活动，这样就会很方便地计算出不同层次间的相对权值。在计算出一个层次相对于另一个层次中因素的排序权值以后，即可以对某一层次因素的权值进行加权计算，通过上述计算方法就可以计算出不同层次因素的重要性排序。所以，可以通过自上而下的计算方式计算出最底层到最高层的权值排序。

（二）烟草产业安全评价模型构建

1. 指标的评分标准

本报告主要以我国红云红河集团作为研究的切入点，从而透析我国烟草行业的发展趋势和竞争优势，因此，将满分定为10分，各个指标的及格分数定为5分。将最终的行业评价结果定义为：如果得分为6分，那么行业发展较差，存在着行业风险，需要进行及时调整，并提出相应的改革措施；如果得分为7分，那么行业发展势头一般，存在着潜在的风险，需要对行业进行全面分析，并提出相应的策略；如果得分为8分，那么行业发展较好，在中短期不存在威胁行业发展的因素，但是也需要从长期的角度对行业发展做出合理的规划，未雨绸缪；如果得分为9分，那么行业发展势头相当好，基本上不存在行业发展的威胁，因此，这一时期主要是维护目前的趋势，并可以逐渐开辟更大的国内和国际市场。

2. 确定权重

构建具有层次结构的指标分析模型。这一模型中主要包括准则层、一级指标层、二级指标层，自上而下，最终组合成各个指标的组合权重。

构建专家评分的矩阵。主要是群G中的m个专家都需要对n个指标进行打分，从而形成$m \times n$阶的矩阵：

$$X = (x_{ij})_{m \times n} \tag{1}$$

其中，$x_{ij} \in [I, J]$（$i=1, 2, \cdots, m$；$j=1, 2, \cdots, n$）作为专家S_i对于第j个指标的打分。打分的方法一般采用9个标度，这也是一种比较常用的打分标准。

对于矩阵也需要进行转置的自乘，这个矩阵叫作F，$F = X^T X$。此时，F的最大特征根会对应一组向量，这一组向量的特征极向量就是需要的计算结果。接着对于多个目标进行排序。此时，最为一个目标精度，采用数值幂法可以计算出最终结果：

$$k = 0, y_0 = \left(\frac{1}{n}, \frac{1}{n}, \cdots, \frac{1}{n}\right) \in E^n, \ y_1 = F y_0, Z_1 = \frac{y_1}{\| y_1 \|^2} \tag{2}$$

若

$$k = 1,2,\cdots;y_{k+1} = FZ_k,Z_{k+1} = \frac{y_{k+1}}{\| y_{k+1} \|^2} \tag{3}$$

用 $|Z_{k\to k+1}|$ 表示 Z_k 与 Z_{k+1} 的差值最大的数值，接着比较 $|Z_{k\to k+1}| < \varepsilon$，如果不等式成立，那么 Z_{k+1} 就是最终需要的结果 X^*；如果不是，那么需要转入（3）式进行计算。

本报告采用的GEM-AHP计算方法可以比较计算出每个评价指标相对于上一层次指标的权重之和。这种计算方法也可以计算出上一层次组合目标的总体权重。评价指标的权重客观上也反映了这一指标对于烟草产业评价的重要程度，组合权重越大，那么表示该因素在烟草行业发展中具有非常重要的作用，需要高度关注；反之，则证明某些因素对于烟草行业的影响相对较小。

需要对权重进无量纲化处理，对于 w_i（$i=1,2,\cdots,k$），有 $\sum_{i=1}^{k}w_i=1$。此时下一层次的指标相对于上一层次目标的组合权重的比为：

$$w_1 : w_2 : \cdots : w_k \tag{4}$$

为了较为客观地获得各个因素的权重，本报告综合了烟草产业统计年鉴的数据，以及相关文献的有关数据，同时，亲自走访了北京通州区的上海烟草北京分公司、云南烟草云南红云红河集团，并听取了国家烟草专卖局相关领导的建议，获得了文中所列出指标的排序，根据上述获得数据运用GEM-AHP方法对判断矩阵进行标度计算。

具体的做法是根据专家打分获得各个层次因素的相对重要性，从而构建相应的判断矩阵。采用GEM-AHP的方根法计算，采用MATLAB软件进行辅助计算，从而计算出特征向量W。

四　实证研究——以云南红云红河烟草集团为例

（一）云南红云红河烟草（集团）有限责任公司简介

云南红云红河烟草（集团）有限责任公司成立于2008年。它的成立，开启了“深化改革、推动重组、走向联合、共同发展”的中国烟草企业改革新篇章。红云红河集团的主要经营业务是卷烟的生产和销售，是一家跨地区经营的国有大型企业，集团下属昆明卷烟厂、红河卷烟厂、曲靖卷烟厂、会泽卷烟厂、新疆卷烟厂、乌兰浩特卷烟厂6个主要的烟草生产企业，除了上述公司以外还有山西和内蒙古两家控股公司。该企业拥有“云烟”“红河”等烟草品牌，这些品牌是脍炙人口的中国著名商标。而且，这一集团也铸就了凝聚一代人心血的著名品牌——“大重九”。集团在2012年共生产卷烟516万箱，实现利税587亿元，在中国的500强企业中名列第160位，名列云南百强企业的第2位。集团明确了“十二五”品牌发展的基本目标：在2015年，云烟的品牌规模达到500万箱，红河品牌的规模达到100万箱，云烟和红河卷烟的商业销售达到1800亿元。这一企业不仅仅是一个高税收的重点企业，而且解决了云南当地人口的就业问题，同时，云南烟叶种植活动也是当地农业收入的重要来源。

（二）确定评价指标权重

以准则层计算方法为例。本报告邀请5位同行专家对指标进行评价打分，表2是专家评分矩阵。

表 2　专家评分矩阵

专家	B_1	B_2	B_3
专家 1	8	9	5
专家 2	5	6	7
专家 3	2	8	4
专家 4	7	7	3
专家 5	3	5	9

各个指标的综合评分结果见表 3。

表 3　各指标的综合得分

准则	一级指标	二级指标	打分
国家制度与竞争力 B1	烟草产业国内人文环境指标 C1	国家烟草垄断程度 D1	6.28
		区域烟草垄断程度 D2	6.20
		国家烟草财税制度 D3	6.88
		区域烟草财税制度 D4	7.44
		对烟草产业的金融扶持力度和有效程度 D5	6.96
		国内烟草的需求 D6	7.20
		国内烟草行业的劳动力成本 D7	7.76
	烟草产业国际竞争力指标 C2	产业国内市场占有率 D8	7.12
		产业国际市场占有率 D9	6.40
		产业贸易竞争力 D10	6.56
		产业 R&D 费用 D11	6.92
		产业集中度 D12	6.96
		产业国内竞争力 D13	6.44
国外控制 B2	烟草产业对外依存度指标 C3	产业进口对外依存度 D14	6.88
		产业出口对外依存度 D15	7.36
		产业资本对外依存度 D16	7.36
		产业技术对外依存度 D17	7.64
		产业出口对外资企业依存度 D18	6.72
	烟草产业控制力指标 C4	烟草行业市场控制情况 D19	7.48
		烟草行业品牌拥有率 D20	7.60
		烟草行业股权控制率 D21	7.80
		烟草行业技术控制率 D22	7.80
		重要企业受外资控制情况 D23	7.16

续表

准则	一级指标	二级指标	打分
区域经营B3	烟草产业本地市场评价指标C5	区域品牌知名度 D24	8.32
		区域烟草市场规模 D25	7.92
		区域烟草市场发展前景 D26	7.96
		区域烟草消费者的忠诚度 D27	8.52
		区域烟草需求情况 D28	8.20
	烟草企业结构指标C6	烟草企业的管理水平 D29	7.80
		烟草企业的总体经营水平 D30	7.88
		烟草企业的规模竞争优势 D31	7.92
		烟草企业的区域交流与合作 D32	7.16

根据公式（2）和公式（3）可计算出B和C层次的指标权重，根据D层的指标相对于C层指标的单排序权值，加权以后可以获得C层次指标的权值，最终得到D层指标的总体排序情况，依次得到权值如表4所示。

表4　D层指标权值

指标	权值	指标	权值	指标	权值	指标	权值
D1	0.0126	D9	0.0157	D17	0.0850	D25	0.0556
D2	0.0529	D10	0.0080	D18	0.0090	D26	0.0185
D3	0.0035	D11	0.0340	D19	0.0143	D27	0.0185
D4	0.0062	D12	0.0340	D20	0.0339	D28	0.0556
D5	0.0529	D13	0.0043	D21	0.0339	D29	0.0651
D6	0.0126	D14	0.0205	D22	0.0776	D30	0.0252
D7	0.0262	D15	0.0090	D23	0.0070	D31	0.0651
D8	0.0707	D16	0.0432	D24	0.0185	D32	0.0113

（三）评价结果

在GEM模型中，烟草产业的相关因素是可以进行位置互换的，所以首先需要将第二个层次的指标C1、C2、C3、C4、C5、C6中的各个因素进行转换，从而计算因素对的分值：

$$(\text{PAIR SCORE}) = \frac{(C2_{i-1} + C2_i)}{2} = B_i$$

其中，PAIR SCORE 代表因素对的分值；$C2_{i-1}$，$C2_i$ 表示第二个层次的得分。

通过 AHP 模型进行计算得到：

首先进行的转换是将三个因素对的分值进行转换，转换为线性分值进行计算，计算的方法是将对的分值做乘积，计算得到：

$$\text{LGS} = \prod_{i=1,3}(B_i) = B_1 \times B_2 \times B_3 = 6.8808 \times 7.5568 \times 7.9719 = 414.5135$$

转换的结果显示各个因素之间具有一定的关联关系，并产生一定的影响。因此，对于烟草产业各个方面的评价结果是通过因素之间的乘积得到的。而对于第二次转换只是一种在比例关系上的转换，最终的目的是将得分满分值控制为 1000 分。那么，最后红云红河集团的计算结果为：

$$\text{GEM} = 2.5 \times \frac{\prod_{i=1,3}(2B_i) \times 2}{30} = 2.5 \times (8 \times 414.5135) \times 2/3 = 552.6847$$

最终，红云红河集团产业的最终得分约为 553 分，这个分数高于 C 层次 6 个因素得到 5 分时的得分水平（这个分数为 250 分），但是，这个分数低于 6 个因素得分均为 8 分时的结果（此时的分数应该为 640 分）。红云红河集团的 4 个主要因素的最终得分均在 7 分以上，可见，该烟草企业在行业内具有较强的竞争优势，而且发展前景较好，面临的行业风险较低。

（四）研究结论

1. 企业优势分析

云南红云红河集团的主要优势来源于区域经营这些因素，对这一部分因素的分析结果是7.5568和7.9719。可见本地区对于企业管理水平、企业经营水平等方面的得分均在7.5分以上。当然，我们可以看出，云南红云红河集团的发展优势主要体现在企业自身具有非常强的实力，而且本地烟草市场的销售情况非常好，从全国而言，其发展前景也十分看好。尤其是本地市场因素方面，各个因素的指标得分均超过了7.9，从这一结论可以看出，云烟的销售主要是在本地市场，在本地市场具有相当庞大的云烟消费的忠实客户。因此，对于本集团而言，全力发展本土优势，维护自身品牌，进一步开发区域市场是本企业发展的根本。企业的规模优势为7.92，可见该集团已经具有相当的规模，这也为该集团进一步拓展海外市场提供了得天独厚的资源。

2. 企业劣势分析

通过上述分析，我们也发现，对于烟草业发展影响较大的因素就是我国的烟草专营专卖体制。作为一种政策性的因素，对于烟草产业的发展起到了非常直接的影响。通过烟草专营专卖体制，尽管能够对我国的烟草企业起到保护作用，也促使我国烟草企业得到保护性的发展，但是也使烟草企业丧失了参与市场竞争和产业自由发展的机会。另外，比较严峻的问题就是我国烟草企业的对外依存度非常低，评价指标显示我国的烟草产业最突出的特点就是国家专卖，因此国外企业很难进入国内市场，过低的对外依存度显然不利于企业的长远发展。在打分过程中，烟草专卖局的专家以及相关领域的学者都提出了我国烟草企业能否在国际市场获得一定的市场份额的疑问。

通过上述评价我们可以清楚地看到，我国烟草产业发展的总体状况。烟草行业从中短期来看基本不具有较大的行业风险，但是从长期来看仍然存在着体制上的风险。因此，从根本上逐步改变我国

的烟草专卖体制，鼓励烟草企业积极参与市场竞争，促进烟草企业规模化发展，使烟草企业走出国门发展，是烟草行业未来发展的重中之重。

参考文献

[1] 杨公朴等：《中国汽车产业安全性研究》，《财经研究》2000 年第 1 期。

[2] 于新东：《中国加入 WTO 后产业保护和产业安全研究及对策》，《学习与探索》2000 年第 2 期。

[3] 何维达、宋胜洲等：《开放市场下的产业安全与政府规制》，江西人民出版社，2003。

[4] 雷家骕：《国家经济安全理论与方法》，经济科学出版社，2000。

[5] 赵世洪：《国民产业安全理论模式研究》，中央财经大学博士学位论文，1998。

[6] 景玉琴：《中国产业安全问题研究——基于全球化背景的政治经济学分析》，吉林大学博士学位论文，2005。

[7] 许铭：《中国产业安全问题分析》，复旦大学博士学位论文，2005。

[8] 李孟刚：《产业安全理论研究》（第三版），经济科学出版社，2012。

[9] Schnorbus Roger et al. *The Tobacco Industry in the United States: focus on Philip Morris in L. S. A.* Harvard University Press. 1999.

[10] Ono. Y. *RJR Deal Will Show if Japan Tobacco Can Complete Globally*. Wall Street Journal, 1999. pp. 11 - 17.

[11] Baker Patricia et al. *Tobacco-Don't Underestimate Importance of Total Return.* Merril Lynch & Co. 2001.

[12] 龙怒：《中外烟草业发展比较研究》，《产业经济研究》2004 年第 2 期。

[13] 李保江：《战略管理、制度依赖与行业竞争力——中国烟草行业

实证分析》,《经济理论与经济管理》2002 年第 2 期。
[14] 赵建成:《财税体制:提升中国烟草工业竞争力的瓶颈》,《统计与决策》2004 年第 3 期。
[15] 章红雨:《沈阳卷烟厂核心竞争力问题研究》,东北大学硕士学位论文,2003。
[16] 袁国旺:《玉溪红塔集团核心竞争力的分析及策略研究》,重庆大学硕士学位论文,2003。
[17] 肖淑英:《烟草业获取利润的新亮点》,《现代物流》2005 年第 9 期。
[18] 李景武:《关于中国烟草企业技术创新的理性思考》,全球品牌网,http://www.globrand.com/column/lijingwu/,2007 年 7 月 10 日。
[19] 艾林:《中国烟草直面 WTO》,《烟草科学研究》2000 年第 3 期。
[20] 赵建成:《中国烟草工业竞争力研究》,华中科技大学博士学位论文,2004。
[21] 于强:《中国烟草企业购并的若干问题的研究》,复旦大学硕士学位论文,2004。
[22] 罗宏斌:《陕西烟草业实施名牌战略的研究》,西安交通大学硕士学位论文,2002。
[23] 张立新:《大型骨干卷烟工业企业竞争力分析及战略调整研究》,湖南大学硕士学位论文,2001。
[24] 陶明:《专卖体制下的中国烟草业》,学林出版社,2005。
[25] 李天飞:《中国卷烟企业竞争力分析》,《经济经纬》2004 年第 6 期。
[26] 刘华、余布凡、叶桂生:《税收对烟草企业竞争力的影响》,《税务研究》2005 年第 1 期。
[27] 李赛:《中国加入 WTO 对烟草业的影响及对策研究》,《湖南大学学报》2002 年第 11 期。
[28] 李景武:《中国烟草与世界发达烟草企业竞争和发展有关问题的研究》,全球品牌网,http://www.globrand.com/column/lijingwu/,2008 年 4 月 14 日。

实　证　篇

Hot Social Topics

中国烟草产业安全状况评价

摘　要：

本节基于产业安全理论的基本框架，从我国烟草产业发展的环境状况、我国烟草产业的国际竞争力、我国烟草产业的对外依存度、我国烟草产业的控制力以及我国烟草产业的未来发展潜力各方面进行研究。通过研究发现，我国烟草产业在体制上、产业结构上均存在着限制产业发展的因素，同时发现，我国烟草企业存在国际竞争力不强、国际市场占有率偏低等问题，在此基础上提出了相应的建议。

关键词：

烟草产业　产业安全评价　行业分析

一　中国烟草产业发展环境评价

（一）烟草产业的体制

1. 烟草产业的专卖专营体制

我国的《烟草专卖法》在烟草的生产、种植等方面，以及烟草企业的设置等方面都通过法律的形式做出了明确规定。为了进一步规范烟草企业的销售活动，《烟草专卖法》还对于烟草的进、销、流通等方面做出了相关的规定。对于烟草的进出口活动的管理更为严格，烟草的进出口业务活动必须上报国务院或者相关的省级以上的烟草专卖部门，并取得相应的经营资质以后方可进行。我国的烟草专卖体制是具有法律效力的。从中国烟草产业的发展来看，1982～1984 年，先后成立了中国烟草总公司和国家烟草专卖局，行政上实行“统一领导、垂直管理、专卖专营”。

2. 烟草产业政企不分的现状

我国烟草产业的管理模式采用区域管理模式，并形成了中央－省－市－县的烟草专卖专营体制。中央主管全国范围的专卖活动，各个地区由主管部门进行分级管理，并受到上级机关和地区管辖部门的双重领导。在烟草行业，行政管理起到了主要作用，市场机制起到了调节作用，在管理模式上基本上是政企不分的管理方式，目前我国的国家烟草专卖局和中国烟草总公司实际上是两块牌子，一套管理人员。

3. 兼有营利和公益双重性质的企业特征

我国的《烟草专卖法》明确规定，烟草产业必须从维护消费者根本利益出发，并确保国家的财税收入以确保经济发展。我国通过《烟草专卖法》有计划地对烟草的生产运营活动进行规划和组织，严格控制烟草生产的数量，避免烟草企业盲目上马和盲目扩建，通过加大市场监管的力度维护烟草市场的有序竞争活动，大力打击烟草的走私活动，维护消费者的根本利益和国家的正常的财税收入。我国烟草产业所肩负的历史使命是保障烟草市场的需求和增加财税收入。所以，我国烟草产业与国外的烟草企业明显不同，其经营活动的根本动机不仅仅以盈利为目的，而且具有公益性的特征。

（二）烟草产业的结构

烟草产业的产业链主要由三个部分构成：上游是农业经济作物，是整个链条的基础，是烟草生产企业的主要原料供应；链条的中部是烟草的生产加工环节；下游是烟草的销售环节。

1. 烟草产业的上游——烟叶种植环节

烟叶是我国非常重要的农业经济作物，是烟草产业链条的最前端，在整个烟草产业中是最基础的环节。烟叶的种植主要受当地卷烟的需求情况、当地自然环境的状况以及区域行政体制的制约。目前，国内烟叶的种植数量、种植区域主要是由国务院烟草专卖局来规定的，并严格规定了其进入和退出这一产业的限制。

2. 烟草产业的中游——生产加工环节

（1）中国烟草市场的集中程度。通过本报告的研究发现，我国的烟草产业的市场集中度从较低的水平正向较高的水平迈进。尽管其市场集中度呈现明显的上升趋势，但是与发达国家的烟草产业相比仍然存在着较大的差距。以德国为例，2007 年，烟草市场被几个国际型大公司所占领，占据烟草销售前三名的大型烟草企业有菲利普公司、帝国烟草公司、英美公司，三家企业占据了烟草企业 72% 的市场份额。

（2）中国烟草市场的产品差异化程度。为了更好地分析烟草行业垄断竞争的含义，就必须理解差异化的内涵。这种差异化，主要是指尽管产品的基本用途差别不大，但是可以通过其他方面包括产品的质量、售后服务、信息和购买者偏好等方面提高企业在同类产品中的地位，而导致产品具有独一无二的特性。差异化程度可以从两个方面进行分析。

品牌差异化在整个产品的经营过程中占据着非常大的作用，一般消费者都是根据个人的偏好来选择烟草的种类，不同的品牌所体现的是香烟不同的口感和质量特性，这就决定了消费者是否会将某一个品牌的香烟作为自己始终遵循的品牌。通过品牌差异化一方面可以通过自身不同的口感和品牌宣传提高消费者的认知度，另一方面也可以提高消费者的忠诚度，当然也就不可避免地使自己的卷烟品牌获得了不同凡响的竞争优势。

当然消费者也可以通过主观差异化来对卷烟进行选择。例如，某种香烟是本地生产的香烟，购买起来比较方便等，导致在同一级别的香烟中，消费者还是比较认可本地产的香烟，而并不青睐外来的烟草产品。

（3）中国烟草市场的进入和退出程度。中国的烟草市场具有较高的进入与退出壁垒，国家对于烟草行业设置的壁垒，一方面对于已有的烟草企业形成了有效保护，另一方面也由于较高的壁垒导致烟草行业的市场集中度低。

3. 烟草产业的下游——营销环节

由于中国的烟草专卖体制导致中国的烟草营销体系是自上而下逐级设置的营销网络。目前，我国的烟草销售体系只是按照国家专营专卖的形式对烟草的销售负责，而对烟草的加工和生产不负有主要责任。

中国的烟草市场存在着以下特点：中国卷烟的销售量居世界领先水平，占据全球烟草销售总量的1/3。但是，烟草市场的大型公司企业以及跨国经营的公司较少，这也在客观上决定了中国烟草的市场集中度较低。目前，中国正在不断地营造具有本国地域特点的烟草品牌，而且产量超过百万箱的烟草企业逐渐增多，但是尽管如此，国内卷烟市场的集中度仍然有待提高。由于受到专卖专营体制的限制，低端烟草市场受市场需求调节的可能性较小，换句话说，目前市场需求对于低端品牌的生产没有起到应有的调节作用，因此，国内低端烟草品牌仍然出现供给和需求两极分化的局面。

（三）烟草企业分析

1. 烟叶的种植与收购情况分析

在烟叶的种植环节上，中国的烟农不具有决定种植烟叶的种类和数量的权力，烟农也不可能为自己种植的烟叶进行定价，而定价主要是由烟草公司来完成的，这就给烟草公司留下了从中牟利的空间。烟草公司在收购烟农的产品时，具有区域性垄断的性质。这种行政垄断一方面会维护国家专卖体制的权威，另一方面也会造成行政权力的滥用，这必然会损害烟农的切身利益，出现相应的违法行为。

2. 烟草企业的市场行为分析

（1）烟草产品的定价。烟草尽管是一种商品，但却具有特殊性，国家从法律的角度对于烟草产品的定价做出了明确的规定。中国的卷烟价格经历了几个阶段，首先是烟草由政府定价，之后是由国家烟草专卖局对卷烟产品进行定价，以及卷烟价格的宏观调控与微观市场相结合的定价方式。

（2）烟草企业的兼并与重组。中国的烟草企业加大了兼并与重组的力度，其兼并和重组一方面可获得较高的卷烟生产配额，另一方面为中国烟草企业的规模化发展奠定了基础。但是我国的烟草企业与国际上知名的跨国烟草企业相比仍然较为落后。中国从2002年开始逐渐肃清国内生产能力在10万箱以下的小型烟草企业，并在2007年底实现了中国烟草企业行列的“大瘦身”。因此，兼并和重组的最主要作用就是培育中国自己的一大批具有竞争实力的烟草企业。

（3）烟草企业的广告宣传。由于烟草是一种可以上瘾的消费品，因此它的广告受到了严格的控制。尤其是控烟公约签订以后，烟草的纸质媒体的传播和电子媒体的传播方式都受到了严格的控制。

3. 烟草企业的销售分析

烟草是一种高税收的产品，因此地方政府不遗余力地阻挠外地烟草品牌进入本地区，并将原有的国家专卖形式演变为地方专卖的形式。对于卷烟的零售价格采取统一定价的形式。烟草公司具有销售垄断的权力，因此会以一些特殊手段强制零售商统一烟草销售价格。这一行为不仅使零售商丧失了定价权而且形成了恶性市场竞争。同时，烟草行业中也存着另外一种现象，不同品牌产品的搭售。例如，一些销售较好的烟草品牌与销售较差的烟草品牌的搭售，或者是强制零售商在购买卷烟的同时购买其他产品，一定程度上限制了烟草零售商的选择权。

尽管相关的法律和法规对此做出相关规定，并限制这些行为的出现，但是由于管理体制不完善，加之执行力度不够等问题，效果不是十分明显。为了配合烟草公司的这一行动，工商部门的《反不正当竞争法》也起到了监督和监管的作用，但是却没有足够的

资源将这些规则落到实处。

4. 中国烟草产业的绩效分析

卷烟的生产量庞大、烟草行业的市场竞争力较弱和烟草经济效益高共同构成了中国烟草行业的特点。烟草行业的垄断性经营致使这个行业有着其他行业所不具有的高额经济效益。中国烟草企业的工业增加值处于全国国有企业的第二位，而资产的贡献率超过了其他国有企业，位于国内企业的首位。

中国烟草企业的卷烟销售量十分庞大，而且销售利润十分可观。但是，这种可观的利润仅仅指的是烟草公司的利润收入，而对于烟草销售的终端客户——零售商而言，其利润却微小。烟草公司的利润源泉来源于垄断的经营方式。

二　中国烟草产业国际竞争力评价

（一）烟草产业的国际化现状

世界经济一体化的加剧趋势决定了中国烟草企业必须实施“走出去”的企业发展战略。中国烟草企业的封闭式发展方式束缚了企业竞争能力的提高，在中国加入 WTO 的形势下，国外产品的关税将大幅度下降，对于国外产品的关税壁垒将进一步消除，导致国内烟草企业面临更加巨大的竞争压力。2006 年，国际控烟公约正式对中国生效，公约对于烟草企业的发展做出了严格的限制，这进一步压缩了烟草的市场空间，促使许多烟草企业寻求国际上的发展途径。2008 年是中国烟草行业发展具有历史意义的一年，这一年中国烟草进出口（集团）公司正式改为中国烟草国际有限公司。这一变化也突出了中国政府对于国内烟草企业进行国际化发展的战略部署。但是，中国的烟草进出口始终存在着巨大的贸易逆差，也就是中国的烟草行业的国际化贸易始终以进口为主。在全球开放的经济条件下，中国烟草企业的国际化发展势在必行。国际化的发展不仅可以扩大烟草企业的发展规模，降低企业发展的风险，同时可以引入先进的管理理念，并进一步做好烟草的技术开发工作和国际化市场营销工作。中国的学者已经对此做出了相关研究。雷全林（2004）的研究比较具有代表性，在 WTO 和 WHO 的双重压力下，在国际上大型跨国烟草企业销售额锐减的形势下，这些企业纷纷寻求更大的海外发展机会，它们通常会采用与国内的烟草企业进行合作，从而将自己的烟草品牌打入目标国市场。而中国的烟草企业由于专营专卖体制的严格管制，烟草品牌的对外依存度非常低，而且在兼并和重组方面也无法与国外的大型企业相比。李保江（2006）总结了世界上主要烟草企业的跨国发展战略，以加快中国进行国际化发展的步伐。李景武（2007）就提高中国企业的国际竞争力做了比较全面的分析。Jonathan Watts（2008）的研究发现，中国的卷烟消费税仍然较低，给国外企业留下了较大的进入空间。

（二）参与国际化经营是中国烟草产业发展的必由之路

中国烟草企业的特点是生产能力较强，卷烟的生产量大于卷烟市场的实际需求量，从国内的市场需求来看已经趋于饱和状态。加入 WTO 以后，中国烟草行业的市场环境和竞争对象发生了改变：首先是中国烟草企业进入国际市场的门槛降低了，而且进入的风险也随之降低；其次是国内的烟草市场一改往日的封闭状态，将实行全方位的开放，那么市场竞争将会变得异常激烈；最后是中国烟草产业的对外贸易体制必然会发生翻天覆地的变革。对于中国的烟草企业而言，必须不遗余力地提高自身的国际竞争力，这也是中国烟草企业发展的根本途径。

1. 中国烟草产业国际化存在的问题

中国的烟草产业是中国税收的重要贡献者，而且中国拥有世界上数量最为庞大的烟民。中国还拥有令人艳羡的7个烟草产业之最：中国拥有世界最大的烤烟种植面积，中国拥有世界上数量最大的烤烟生产量，中国的烤烟生产量增长速度世界最快，中国卷烟产量居世界首位，中国的卷烟产量增长速度最快，中国的吸烟人数居世界首位，中国烟草税收增长速度居世界首位。这也为中国烟草企业的国际化经营提供了雄厚的资本。

但是，中国烟草企业的数量共有数百家，而且烟草企业的规模和实力良莠不齐，品牌号虽然从原来的上千个逐渐降低为100多个，但仍显较多。从行业集中度来看，具有较强行业集中度的红塔山，其行业集中度仅为2%。而对于英美的大型烟草公司60%的行业集中度而言，却是十分可怜的数字。中国的烟草企业还没有结束专营专卖的体制，其卷烟的市场化运作仅仅是初露端倪，而世界上其他的发达国家的市场化运作模式已经持续了几十年，并积累了丰富的经验。与世界上排名前四位的国际烟草集团的成品烟生产总量相比，中国的生产数量相对较低。目前，世界上销售最好的香烟品牌是美国的万宝路，与这一品牌相比，中国香烟的销售量仅为其销售量的1%。中国的烟草企业仍然缺乏品牌意识，中国想要建立一个与555和骆驼等世界知名品牌相媲美的品牌仍然需要一个漫长的时间历程。

由于中国烟草产业的专营专卖体制的长期影响，烟草业的经营理念、管理模式和市场运行方式很难在短期内改变。目前，中国已经具有一些大型的烟草企业，例如，云南的红云红河集团，就是一个年上缴利税6000万元以上的大型卷烟企业。但是，与国外的跨国集团相比，中国的烟草企业仍然是大而不强。而且，烟草行业的结构性调整一方面会影响国家的财政和市场收入，同时会无法保障卷烟市场的充足供应。为了保证实现上述两个目标，中国的烟草专卖局明确提出要积极推进经济体制与增长方式的变革，实现中国从烟草大国到烟草强国的目标。

2. 中国烟草企业的国际发展战略分析

中国作为最大的烟草生产国和消费大国，国际化发展战略受到世界大型烟草公司的高度关注。中国的第一家合资烟草公司成立于1988年，是美国的雷诺士烟草公司和中国的厦门卷烟厂合资开办，随后美国的乐福门烟草公司以及香港的南洋兄弟烟草公司等国际上的烟草企业与中国合资开办烟草加工厂。尽管这种合作经营方式为中国的烟草企业开辟国际市场奠定了基础，但是这些加工企业所生产的绝大部分卷烟都远销国外。

随着中国改革开放的深入，许多企业都已经选择“走出去”发展的国际化发展战略。通过“走出去”发展，不仅培育了中国烟草企业全新的经济增长点，同时积极拓宽了中国烟草企业的国际化发展道路。国际控烟公约对于烟草经营企业提出了非常高的要求，加剧了国际烟草市场的竞争，许多烟草行业的寡头企业在竞争中凸现出来。当然国际控烟公约给中国的烟草企业发展提出了新的发展方向和标准，同时也给这些企业提供了难能可贵的发展机遇。烟草是一种特殊的商品，国际上的烟草消费市场主要根据烟草吸食口味的不同、地区经济发展的差异、本国烟草企业发展的特点等将这些烟草企业划分为不同的等级。中国的烟草企业在选择海外发展道路时应该有针对性地慎重选择，扬长避短，避免投资风险。

（1）着力发展自有品牌，打好品牌战略这张牌。对于中国的企业而言，选择“走出去”的发展战略，在某种意义上来说将面临大范围的国际合作、宽领域经济发展和高层次的国际竞争。所以，中国的烟草企业必须从提高烟草企业整体竞争实力出发，切实保证中国烟草企业能够健康稳步地发展。在保证烟草行业的就业优势的同时，大力激发国内烟草企业职工的生产和创新积极性。将开辟国际市场、拓展竞争领域为基本发展目标，为中国烟草企业努力开辟新的增长点。中国烟草企业必须以战略性的全球视野做好全方位的战略竞争部署，对于中国烟草企业的发展准确定位，选好自身发展的路径，完善各方面的保障措施。

在这个以品牌竞争取胜的年代，烟草业也不可避免地必须选择这样的发展道路。在国际市场上，一个过硬的品牌就是高品质、工艺精湛、高信誉的代名词，名牌不仅代表着具有忠诚度较高的客户，还代表着有稳定的市场需求和认可度。国际上许多大型烟草企业所拥有的品牌历经几十年脍炙人口、经久不衰，这也证明了品牌战略是一个企业发展的灵魂，是一个企业生存的根本。企业与企业之间的竞争已经演化成品牌与品牌之间的竞争。品牌化的经营战略是增强烟草行业竞争力的法宝和利器。那么，中国的烟草企业在进行品牌经营战略时，一方面可以大力发展自有品牌，将其打造成世界知名的品牌；另一方面可以对国际上口碑良好、销售较好的品牌进行收购，以达到迅速占有国际市场的目的。中国烟草企业在进行海外经营时，可以根据当地消费者的消费习惯和生活习惯，也可以结合区域人口的审美习惯的不同进行包装，并开发适合当地人口喜爱的卷烟口味，加上良好的营销策略，迅速打开当地销售市场，树立品牌形象。获得知名品牌的另一种手段就是通过并购来迅速实现对于知名品牌的占有，同时借助相应品牌的效力对这一品牌作全面推广，这种方式可以为企业节省品牌的推广时间，也降低了品牌推广过程中的传媒费用。世界上的很多烟草公司都是通过后一条道路获得了世界发展的契机，例如 1999 年日本烟草收购雷诺烟草公司以后获得了骆驼、云丝顿、沙龙等知名品牌，在短时间内迅速成为世界上第三大跨国经营的烟草巨头。

（2）着力培养新型管理人才，构建烟草企业新型的管理制度。中国的烟草企业要与国际知名的烟草企业合作，首先要完善自身的管理体制。国际上知名的烟草企业均具有非常先进的国际化管理体制，对于企业的内部控制十分有效，对于市场的需求等变化能够做出迅速的反应。中国烟草企业在走国际化发展道路时，必须整合各方面的有利资源，并在管理体制上进行改革和创新，使之适应国际化的发展模式。

目前企业之间的竞争已经逐渐转化成人才之间的竞争，哪个企业掌握了高尖端的人才，哪个企业就获得了成功的机会。中国烟草企业在实施“走出去”战略时，需要培养具有创新精神的新一代技术人才，培育具有良好的教育背景和知识结构的高端管理人才，任用那些熟悉国际市场竞争规则并精通国际经营业务的人才，选拔具有多样化知识背景的人才。最重要的是充分发挥激励机制的作用，在薪酬方面既要达到激励的作用，又要把工资绩效和个人贡献紧密结合，实现科学的薪酬奖励制度。因此，中国烟草企业要大力进行人才储备，把对于人才的培育作为进行国际化经营的首要任务。

（3）着眼于技术创新，以创新带动品牌发展。技术创新是中国烟草企业进行国际化发展战略的必由之路。中国的烟草企业所面对的是纷繁复杂的国际市场竞争，随时有可能在竞争中夭折。中国的烟草企业不仅缺乏国际上知名的烟草品牌，还缺乏自主研发的烟草品牌，因此中国的烟草企业在烟草的技术创新方面缺乏经验。而且中国的烟草企业没有国际性的市场销售渠道，因此中国烟草企业

的国际化发展道路将会历经磨难。中国的烟草企业通过兼并和重组可以实现公司之间的联合，但是这种联合要在双赢的基础上进行，双方实现互补发展。这也就需要一方面中国的烟草企业要保证独立自主的发展，并不遗余力地开发自身的核心竞争力，大力维护自身的品牌信誉度；另一方面要十分重视国外发展的法律风险规避，以免使自身遭受不必要的损失。中国的烟草企业必须大力发挥技术创新的优势，从而形成自身的国际竞争力。烟草企业应该将自主研发和先进技术引进结合起来发展。

（4）对于特殊地区可以采用直接投资的方式建立卷烟加工厂。目前市场上的烟草品牌主要分为雪茄型、混合型、烤烟型、薄荷型等类型。国际上的消费主流是混合烟，也是目前国际上大型烟草企业的主要销售产品。中国的烟草企业的生产品种却是以烤烟为主，中国的烟草消费者也比较喜爱烤烟这种传统工艺的口味，因此中国卷烟企业在进行海外投资时，应该充分关注中国人口的消费口味，考虑有限发展烤烟的海外生产基地。同时也要考虑在有烤烟消费习惯的地区设置卷烟生产工厂。从国际烟草市场来看，烤烟的消费地区主要是中国及其周边的地区。这些地区属于发展中国家，具有劳动力低廉和生产成本低的特点，这些都有利于烟草企业的发展。中国的烟草企业也可以采用在烟叶种植地进行直接收购的方式，并在当地开设烟叶的加工企业等，实现烟草的一体化运营模式。

（5）通过海外并购吸收新技术。中国的烤烟型在国际市场上不具有什么优势，加之发达国家的烟草企业实力雄厚，质量和技术均领先于中国卷烟企业，而且国外烟草企业的销售网络也十分完善，还有牢固的品牌信誉度。因此，中国企业很难在国外建立自己的烟草生产基地。中国的烟草企业应该选择最有利于其发展的产业资源聚集地作为进行并购的目标。国际上许多大型的烟草企业其发

展历史就是一部不断兼并和收购的历史。通过兼并和收购，许多企业都在短期内获得了技术资源和品牌信誉度，是快速获得竞争优势的一个捷径。中国企业也可以选择这种快速获得竞争优势的方式。并购企业需要具有雄厚的资金资本，但是由于中国的企业大而不强，国内几乎没有哪一家烟草企业可独立进行并购。因此，中国的企业可以通过国内烟草企业的强强联合对于行业资源进行整合实现海外并购；或者国家为这种国际性的收购行为提供资金保障，一方面可以加速中国烟草企业的转型升级，另一方面可以完成中国烟草企业的国际化发展。

（6）从政府层面支持中国烟草企业的国际化经营。国家政策上的支持为中国烟草企业的发展提供了强有力的保障。中国的烟草企业在进行海外发展时，很难靠自己的力量解决一些政策性的障碍。美国的烟草企业一直垂涎于亚洲巨大的消费市场，但是由于亚洲国家对外国烟草企业设置巨大的进入壁垒，而把这些烟草企业拒之门外。1985 年，美国政府运用美国的相关法案和规定制裁了区别对待进口烟草产品的国家，并实现了美国的卷烟成功打入国外市场。中国自从加入 WTO 以后，在开放的环境下，中国政府一直鼓励中国烟草企业“走出去”发展，中国政府为了促进中国烟草企业的发展，不仅应该提供资金保障，同时也应该为中国烟草企业的国外发展肃清政策上的荆棘，积极解决一些棘手的政治性的复杂问题。

（7）中国烟草企业灵活应对文化风险。中国烟草企业在参与国际竞争过程中，不仅要接受来自市场方面的挑战，还需要面对不同地域的文化等方面的冲击。尤其是在文化方面，不同地域的民族文化对于企业国际化战略的选择和核心竞争力的提升具有重要作用。中国的烟草企业在实施国际化发展战略时，必然会遇到不同的民族文化和价值观，因此中国烟草企业必须迎合东道国的文化特征。例如，一些国家会具有浓厚的反对烟草产业发展的文化氛围。同时中国烟草企业还会面临国外不确定的政治环境，也会遇到东道国比较严厉的法律方面的阻挠。因此，中国烟草企业在国外的发展会遇到诸多不确定性因素，中国烟草企业在海外的发展，将面临巨大的挑战。

三　中国烟草产业对外依存度评价

（一）世界烟叶的产量

烟叶是卷烟的重要原材料，但是烟叶的生产受到种植区域的农产品政策、自然环境、经济条件以及市场需求等诸多因素的影响和作用。表1是世界烟叶的历年产量情况，通过数据显示，世界烟叶的产量呈逐年上升的趋势，尤其是烤烟的增长量最为明显，而白肋烟的产量呈明显下降的趋势。

表1　世界烟叶产量情况

单位：万吨

烟叶类型＼年份	2003	2004	2005	2006	2007	2008	2009	2010	2011	2012
烤　　烟	358.9	375.8	403.4	394.2	386.9	417.3	432.0	454.0	449.2	460.2
白 肋 烟	77.8	88.7	77.3	72.2	61.5	73.5	83.5	75.0	77.5	56.7
香 料 烟	34.2	35.2	35.2	26.7	23.6	26.7	27.5	24.8	21.6	23.8
深色晾烟	15.1	14.0	14.5	14.5	14.4	13.5	12.9	13.0	13.4	12.2
明火烤烟	5.4	5.6	3.7	3.7	4.0	5.4	5.3	5.5	5.4	5.1

资料来源：环球烟叶。

目前世界上有120多个国家种植烟叶。中国是世界上第一大烤烟生产国，紧随其后的是巴西。2012年，受恶劣气候的影响，巴西的烤烟产量仅为61万吨，与上年相比下降了13.2%，白肋烟的产量仅为8.8万吨，也发生了大幅度的下滑。作为世界上第三大烟叶生产国，同年，印度的烤烟产量为27.3万吨，而印度全年的烟叶生产总量为70万吨。作为发达国家的美国，在经历了3年的烟叶产量下降的危机以后，在2012年逐渐恢复了烟叶的生产，2012年全年烤烟产量达到20.4万吨。

（二）世界烟草企业的对外依存度分析

2011年，世界上的六大烟草巨头已经占据了国际烟草销售市场的近50%的销售份额。如表2所示。除去国际上的著名跨国公司以外，全球烟草公司的类型主要有：实行烟草专卖制度的国家，例如，中国的烟草总公司就是采用烟草专卖体制进行烟草销售，但是烟草的对外依存度非常低；另外一种是本土化经营的民营企业，例如泰国、土耳其等国家。图1是2011年世界各国卷烟产量的比较，可以看出世界卷烟市场已经日趋垄断，中小企业的发展空间逐渐被大型企业挤占。

表2　2012年世界烟草公司的经营情况

单位：%

公　司	卷烟销量		销售收入		税收总额		利润总额	
	亿支	增长率	亿美元	增长率	亿美元	增长率	亿美元	增长率
菲莫公司	9270	1.3	773.9	1.4	460.2	1.7	141.5	4.0
英美烟草	6940	-1.6	727.5	-0.5	486.6	-0.1	85.8	14.7
日本烟草公司	5536	3.6	775.5	7.6	510.6	8.3	52.0	12.4
帝国烟草	2925	-3.2	335.6	-0.5	220.5	-1.0	47.4	2.2
奥驰亚集团	1349	-0.2	239.1	1.3	71.0	-0.9	71.7	8.7
雷诺美国公司	689	-5.6	122.3	-3.3	39.2	-4.5	22.1	-7.7

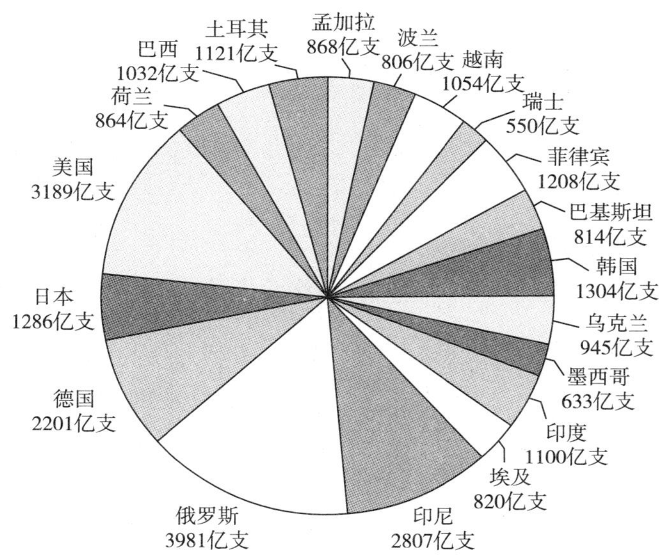

图1　2011年世界各国卷烟产量

（三）中国烟草企业的对外依存度分析

目前，中国的烟草企业的卷烟生产量占据世界卷烟生产量的1/3，中国的卷烟市场销售份额占据世界消费市场的1/3，中国的烟叶生产量是全球烟叶总产量的1/3。与世界上的四大烟草巨头相比，中国在烟草品牌竞争力方面均处于劣势。尽管中国的烟草产量较大，但是其销售市场只是在国内，没有大规模进入国际市场并与国际上的烟草企业形成实质性的竞争格局。2001～2005年的5年间累计卷烟出口量为783.5亿支，中国卷烟的年平均出口量达到了156.7亿支。这个出口数量仅为国际卷烟市场出口总量的1%。

四　中国烟草产业控制力评价

中国的烟草企业从建成以来，一直是中国财政和税收收入的重要来源，它在整个国民经济收入中占有非常关键的地位。烟草产业尽管是一种消费品，但却是一种十分特殊的消费品，这种消费品的特殊性决定了它是一个受国家政策保护的特殊行业。尤其是中国的烟草专卖体制对中国的烟草企业起到了较大的庇护作用。烟草行业的管理模式是由国家统一领导，实行自上而下的垂直管理模式，并进行全行业的专卖专营。中国作为全世界最大的烟草消费国，其烟草企业却是良莠不齐，规模不统一，经营十分分散。尽管专营专卖体制限制了烟草产业的自由发展，但是却很好地保护了中国的烟草企业免受外来竞争者的侵害，而得到了难得的保护性发展。但是，随着中国“入世”以后，尤其是中国加入了国际控烟公约以后，中国的烟草企业开始面临竞争和经营风险。

（一）烟草产业的市场控制分析

一般来讲，市场结构的含义是生产商之间经营活动的基本形式，主要包括购买方、销售方、购买与销售方，以及可能正在进入的购销双方之间的交易活动以及利润分配而形成的竞争关系。而烟草行业的市场结构主要是指烟草制品的生产数量、生产份额、生产规模等决定的竞争，上述的决定因素主要包括市场集中度、烟草企业的基本规模、烟草产品的差异化程度、烟草企业的空间分布状态，以及烟草企业进入和退出烟草行业的壁垒等。

中国的烟草市场比较特殊。由于中国烟草行业的专营专卖制度导致中国的烟草市场仍然以宏观调控为主、市场调节为辅的运作模式。中国烟草企业的生产指标包括卷烟品牌、卷烟的数量等都是高度计划的。卷烟制品主要是供给国内的烟草消费者。通过这种严格的控制，达到了保护当地烟草制品的作用。而且，在这种严格的保护机制下，国外的烟草产品很难进入中国市场。因此，从上述分析来看，这种体制维护了中国烟草市场的国家控制权。

但是，在WTO和WHO的作用下，这种局面将会被打破。中国不得不放开国内烟草市场，降低外来烟草制品的关税。原来国内封闭经营的状态发生了变化，国外的烟草制品将会进入中国的销售市场，与中国的烟草企业竞争市场份额。同时，国内烟草企业也必须积极实施“走出去”战略，去参与烟草的国际市场竞争。

（二）烟草产业的品牌控制分析

全球经济一体化的最直接的作用便是使竞争异常激烈，产品之间的竞争已经逐渐演化成品牌之间的竞争。谁控制了某个品牌也就同时控制了市场。中国烟草企业也开始注重培育具有本国特色的自有品牌。而且，由于消费者品牌观念的增强，对于烟草的消费越来越倾向于对于个别品牌的青睐。尤其是国内高档品牌的香烟，其品牌忠诚度更高。一个品牌已经成为一个企业的无形资产，是一个企业的象征，是一个企业形象的现实表现。品牌的培育逐渐被看作形成自己企业优秀文化的源头，一个好的品牌代表着一个好信誉的公司，代表一个具有良好企业文化的健康企业，可以孕育出更多的具有较高忠诚度的客户。中国卷烟市场的品牌竞争愈加激烈。由于中国是专营专卖体制，决定了中国烟草企业的品牌控制力较高（见表3）。

（三）烟草产业的技术创新分析

烟草企业的技术创新已经成为烟草行业的新的经济增长点。卷烟产品的用途比较单一，而且各种卷烟产品的原材料、加工技术和烟草制作流程等都十分相似，这种产品也比较适合大规模的生产经营，因此烟草产业方面的技术创新可以促进烟草企业的经济增长。

表3　2011年中国卷烟市场的品牌规格与销量

单位：万箱

品牌规格数	产量	销量
红塔山18个规格	288.7273	339.6181
白沙23个规格	283.9304	343.0044
红金龙24个规格	236.4863	289.7384
红河17个规格	221.1434	225.0418
双喜33个规格	211.1977	269.0299
红旗渠10个规格	195.6267	195.9979
云烟25个规格	175.5581	171.2314
黄山22个规格	165.1404	165.4482
黄果树12个规格	164.9399	165.0628
红梅6个规格	147.3302	173.4832

从长远来看，中国烟草企业的技术创新不仅可以促进行业本身的升级和发展，同时会获得较高的市场占有率，提高企业自身的竞争实力。近几年中国的卷烟生产行业从降低烟草对人体健康的危害出发，对烟草加工技术进行改革，并取得了关键技术的重大突破，有些技术已经达到世界领先水平。

1. 攻克了国内卷烟降低焦油含量的关键技术

（1）卷烟纸的选择更加精良，选用高透气的卷烟纸。为了降低烟草的焦油物质对身体的危害，采用加长过滤嘴技术和新型过滤嘴技术。在烟叶的加工、烟丝的制作和调味料的添加方面都采用了新的加工技术。

（2）烟丝物化添加技术。这种技术是北京卷烟厂与中科院生物物理研究所共同试制成功的一种新技术。通过这种技术可以有效地降低烟气中的有害颗粒的成分，将对人体有害的自由基进行有效筛选。同时，研究中还涉及消除自由基的试剂。从而配制出一种气

味没有变化，保持烟草原有风格的产品。

（3）无害香料添加技术。香料添加直接决定了烟草的口感。为了降低烟草的危害，在添加香料时，选择那些自然的、对人体无害的中草药添加制剂。使烟草真正具有提神醒脑、强身健体的功效。同时，加入的中草药可以有效地降低烟草中的自由基对人体的危害。例如，广东神农集团研制的重要添加剂可以将烟草中的自由基降低20%以上，同时在做动物实验时发现，添加中草药制剂的烟草可以促使小动物的猝死率增加60%以上。从吸食的感觉上，添加这种烟草制剂的香烟口味未发生重大变化。

（4）滤嘴的纳米技术。一般香烟上的过滤嘴可以阻挡住一部分有害颗粒进入人体，为了进一步降低有害物资对人体的危害，中国采用了比较先进的纳米技术，采用更加细密的过滤嘴材料，而不影响吸食者的感觉。例如，颐中烟草集团研制出含有稀有元素的过滤嘴棒，里面含有可以防毒的稀有元素，可以进一步降低烟草对于人体的危害。

（5）采用无毒无害的滤嘴技术。例如，国内的南通市烟草试验企业已经开发出一种低危害性的增塑剂。

2. 攻克了国内卷烟降害的关键技术改革

由于国际控烟公约的出台，对于烟草行业的限制更加明显。为了适应国际性的新标准，中国开始开发相应的烟草降害技术，目前这一方面的技术已经达到了国际先进水平。中国的“降低卷烟烟气中有害成分的技术研究”项目是北京卷烟厂、河南郑州烟草研究院等七家单位共同研制而成的，这项研究在降低烟草中的一氧化碳、亚硝胺、自由基等物质取得了技术上的突破，可以降低烟草中的有害物质30%左右。而且研究进一步证实了，混合型卷烟中的亚硝胺含量要高于烤烟型的卷烟。关键技术包括：研究了测试卷烟烟气中自由基的方法，且测试结果较为准确；运用多催化技术，将一氧化碳常温下转化成二氧化碳，研制出了具有国际领先水平的催化材料和卷烟的滤嘴材料；开发出降低卷烟侧流烟气的方法等关键技术。目前这一研究已经在部分卷烟品牌生产中使用，已经获得了一定的效果和经济效益，具有很高的推广价值。

3. 研制出卷烟烟气的检测技术

对于烟草有害成分一直采用估算的方法，因为目前世界上还没有能够对烟草中的有害物质进行定量化检验的方法。一般烟草中的有害成分主要是通过药草的燃烧形成亚硝胺、气象和固相自由基等通过烟气的形式产生的，因此，对这些物质进行测量可以有效地检测烟草的有害成分含量和危害。

目前，中国已经研制出一套具有先进水平并可以重复利用的检验有害物质的方法。通过定量化的测定，可以对烟草烟气中的自由基含量进行检测，形成了一套完善的检测方法。通过检测结果，可以通过降低烟草中自由基的含量等工艺降低烟草中有害物质对人体的危害。

4. 国内混合型卷烟的生产技术提高迅速

通过几年的研制和试验，中国在混合型卷烟的加香技术、烟叶的叶组配方技术等方面均取得了技术上的创新，同时混合型卷烟的质量也大大提高。

尤其是中国对于白肋烟的加工工艺有了较大的提高。目前，中国已经科学确定了优质白肋烟的种植区域，研究了适合白肋烟栽培的环境特点和培育手段，明显提高了白肋烟的产量。通过新的栽培技术，培育出香气高、烟碱含量低的优质白肋烟品种，掌握了白肋烟的调香技术，首次研发出非常有效的白肋烟的醇化技术，并已经建立了白肋烟醇化的最佳时间和恰到好处的技术条件。试验表明，这种白肋烟的烟碱含量低，烟草的香气非常高，烟叶的总体质量得到了明显的提高。该项目的研究获得了2002年中国烟草专卖局颁发的卷烟生产技术一等奖。

5. 中国再造烟叶技术的研发

再造烟叶技术指的是，采用烟草中的散碎烟叶和烟叶末以及烟梗为主要来源，采用化工医药技术将上述物质加入到纸浆中，生产加工成类似于复烤烟叶的烟叶制品。

中国的再造烟叶技术开发得较早，始于20世纪90年代末期。再造烟叶的主要研发基地有三个：广东汕头、浙江杭州和云南昆明。2003年，国家确定了每年生产8万吨的再造烟叶生产目标，2011年国家烟草专卖局已经在国内共批准了14个再造烟叶生产基地，再造烟叶的年均产量已上升到16.5万吨。再造烟叶的推广可以有效地降低烟草中有害物质对于吸食者的危害，促使卷烟的配方更加科学。

6. 中国对于优质烟叶的生产进行大力推广

烟叶是烟草生产中最重要的原材料。烟叶的好坏在很大程度上决定了卷烟的品质。因此，在卷烟生产领域有“黄金烟叶”的叫法，这说明了烟叶品质的重要性。中国的农业科学院烟草研究中心经过三年时间的研究分析，对于国内的近400个烟草样本进行研究，找出了富钾烟叶的培育技术。同时还研制出向烟叶中转移钾元素的方法，通过烟叶中钾含量的增高，也可以有效地降低卷烟中的有害物质成分。

（四）烟草产业的风险分析

1. 资源优化配置是中国烟草市场存在的首要问题

市场资源的配置主要是指烟草行业内企业的分布情况。如果某个行业的企业数量较多，那么不利于形成规模化发展的局面；相反，如果行业内的企业过少，那么很容易在行业内形成垄断经营的格局而不利于形成公平的市场竞争。从2010年《世界烟草发展报告》来看，世界上主要的四大烟草巨头占据着全球41%的市场销售份额，而中国的烟草企业在世界烟草市场中的份额却十分微小，基本上不具有竞争国际销售市场的可能。这种局面的出现，从产业经济理论的角度分析，主要是企业之间的资金、技术、人才等流动基本上按照行政指令来安排，市场对于资源的配置在烟草行业发挥作用不够。

2. 烟草行业结构性矛盾凸显

中国烟草产业的结构不甚合理。烟叶种植作为烟草加工环节的前端，目前仍然比较落后，很多企业的烟叶生产方式比较落后，国内的中小型企业的卷烟技术仍然没有进行改革，导致卷烟的焦油含量较高，卷烟的生产工艺比较粗糙，卷烟生产的原料及辅料仍然主要依赖于国外进口。中国烟草制品的结构不合理。中国卷烟的牌号仍然较多，卷烟主要以高端品牌为主，而缺乏针对低收入人群和地区的卷烟品牌。中国的烟草市场主要以国内销售为主，而烟草的国际化经营水平较低。

3. 烟草行业优势企业未发挥应有的作用

对于各个产业而言，优势企业通常是那些经营规模较大、品牌优势突出、管理效率较高、具有较强的市场竞争优势的企业。对于烟草产业而言，这个定义也是适合的。尽管烟草产业有优势企业的存在，同时也有许多劣势企业存在，由于烟草产业的专卖专营体制，导致市场对企业的优胜劣汰没有发挥应有的作用。因此，在烟草优势企业很难发挥其应有的作用，也为产业发展埋下了隐患。

4. 组建跨国公司，积极占领国际市场

由于国际性的烟草贸易竞争日趋激烈，为了增强企业竞争力，国际上的许多大公司都采取并购和重组的方式扩大企业规模，从而规避国际竞争带来的风险。例如，国际烟草行业的不断兼并与重组形成了国际上知名的几大烟草巨头，形成了新的国际烟草市场垄断格局。国际上的跨国公司已经垂涎于中国巨大的烟草消费市场，开始对中国的烟草市场进行渗透。最突出的表现就是在中国周边的印尼、越南等国家开办烟草加工厂，并采用各种促销手段打入当地消费市场；各个跨国公司也致力于与国内烟草公司合作。这些都对中国的烟草企业形成了潜在的威胁。

五　中国烟草产业发展潜力评价

烟草产业拥有世界上最庞大的烟草消费市场。烟草行业的税收目前是中国中央和地方税收的主要来源。烟草行业同时也解决了区域性人口就业问题，因此，在中国的国民经济中起到了非常重要的作用。烟草产业的发展潜力巨大。但是，由于中国烟草行业的专营专卖体制的束缚，严重限制了中国烟草企业的市场化发展，以及企业市场竞争力的提高。所以，需要通过市场化改革，实现中国烟草企业的大发展。

（一）烟草产业的渐进式改革之路

中国烟草企业的改革主要是围绕中国的烟草专卖体制进行的。一种改革方式，可以选择彻底取消烟草专卖制度；另一种方式就是逐步对烟草专卖制度进行改革，逐渐将市场化的运作方式渗透进来，进行渐进式的改革方式。从中国的现实国情来看，逐步取消烟草专卖制度是比较可行的方式，这样有利于中国的烟草企业做好充分的竞争准备，以实现平稳的过渡，当然也不要对中国的财政税收产生巨大影响。

（二）烟草产业的财税收入

尽管烟草行业是一个饱受争议的领域，但是，每年给国家上缴的利税却说明了中国烟草企业是中国国民经济发展的支柱产业。如表4所示，烟草产业从1994年开始一直到2007年，每年上缴的利税都呈现上升的趋势。从中国烟草行业的中长期发展来看，对于税收的贡献仍然是巨大的。庞大的税收来源对于中国的经济发展起到了重要的支撑作用。

表4　1994～2007年烟草行业的财税收入

年份	烟草利税（亿元）	税收收入（亿元）	财政收入（亿元）	烟草利税/税收收入（%）	烟草利税/财政收入（%）
1994	550	5126	5218	10.73	10.5
1995	710	5973.7	6242	11.90	11.4
1996	830	7050.6	7408	11.84	11.2
1997	900	8225.5	8651.1	10.94	10.4
1998	950	9093	9876	10.4	9.6
1999	989	10315	11444.1	9.6	8.6
2000	1050	12660	13380.1	8.3	7.8
2001	1150	15172	16371	7.6	7.0
2002	1400	17004	18914	8.2	7.4
2003	1600	20450	21715.3	7.8	7.4
2004	2100	25718	25178	8.2	8.3
2005	2400	30886	31649.3	7.8	7.6
2006	2900	37636	39373.2	7.7	7.4
2007	3880	49442.7	51304	7.8	7.6

（三）烟叶的种植促进区域农业经济的发展

烟叶是一种非常重要的经济作物，但是烟叶的生长受自然环境的影响较大。因此，并不是所有的区域都适宜种植烟叶产品。首先，作为一种经济作物，烟叶会给本地区带来更多的农业收入。以云南地区为例，该地区具有得天独厚的自然地理优势条件，该地区的优质烟叶成为云烟 85、云烟 87 以及大重九的烟叶来源，烟草口感醇厚，香气宜人。同时云南地区开发了 1800 亩的有机烟叶和 4 万亩的绿色烟叶。这些都成为云南收入的重要来源。其次，促进区域经济发展。烟草产业的税收是区域发展的重要推动力量。最后，为区域人口的就业提供了机会。由于烟草产业大不断发展和壮大，解决了当地适龄人口的就业问题，为本地区的经济发展和稳定贡献了力量。

（四）烟草产业的国际市场潜力

中国烟草产业具有较高的国际市场潜力。首先，中国具有世界上最庞大的烟草消费人群，因此，中国国内市场对于烟草的需求量巨大。其次，中国烟草企业经过不断改革，其市场集中度呈现上升趋势，通过中国烟草总公司对中国烟草企业进行了严格的规划和管理，保留了具有较强实力的烟草企业，而将一些小型企业和实力较弱的企业进行了清理。同时，出台了相关文件对中国烟草企业进行整合，在整合的同时进一步提升了烟草企业的实力和规模。通过提高规模，使中国烟草企业具有了参与国际竞争的实力。

国际上主要烟草公司菲莫公司和英美公司的卷烟销售量和市场占有率分别如表 5、图 2 和表 6、图 3 所示。

表 5　菲莫公司的卷烟销售量

单位：亿支

地　区	2011 年	2012 年	增长率(%)
欧盟	2115	1980	-6.4
东欧、中东和非洲	2903	3038	4.7
亚洲	3133	3266	4.2
拉美和加拿大	1002	986	-1.6
总　计	9153	9270	1.3

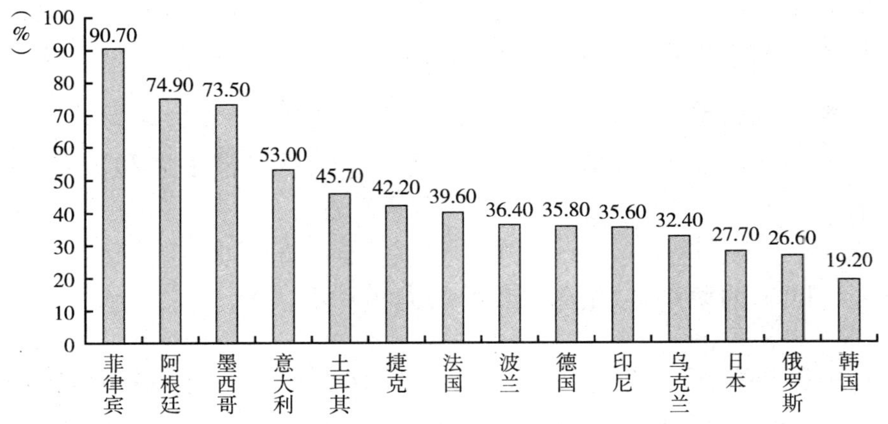

图 2　菲莫公司 2012 年国际市场占有率

表 6　英美公司的卷烟销售量

单位：亿支

地　区	2011 年	2012 年	增长率(%)
欧盟	1910	1880	-1.6
东欧、中东和非洲	1430	1420	-0.7
亚洲	1350	1290	-4.4
拉美和加拿大	2360	2350	-0.4
总　计	7050	6940	-1.6

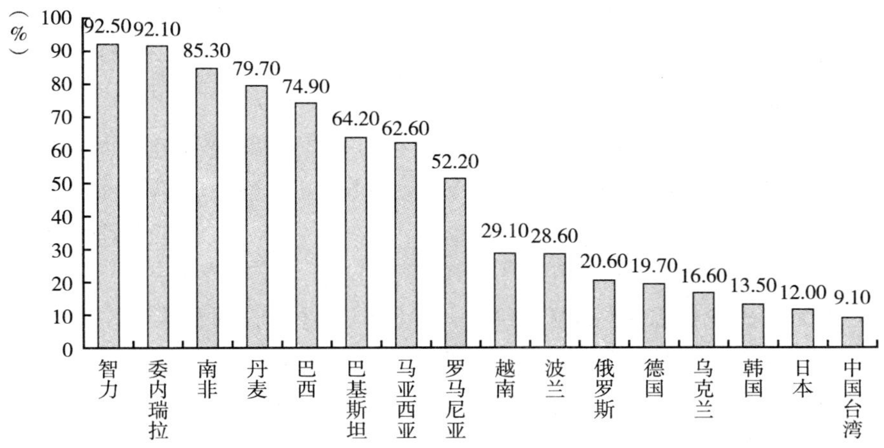

图 3　英美烟草 2012 年国际市场占有率

从上述数据可以看出，中国烟草行业与世界烟草巨头相比，在开辟国际市场方面仍然有巨大差距，因此中国烟草企业在国际市场的发展空间较大。尤其是中国加入 WTO 以后，加之国际控烟公约对中国烟草企业的限制，这也客观上决定了，中国烟草企业必然要走出国门，开辟国际烟草市场的新领域。

参考文献

［1］叶克林：《“入世”后中国烟草产业的发展趋势与战略取向》，《产业经济研究》2004 年第 6 期。

［2］姜成康：《中国烟草业保持平稳发展需着力解决五个问题》，中国烟草在线，http：//www. tobaccochina. com/news/data/20038/z801104825. htm。

［3］贺鲲、黄耀华：《国际化要提升中国烟草的核心竞争力》，《中国财经信息资料》2006 年第 5 期。

［4］雷全林：《“洋烟”的压力——烟草巨头内引外联中国烟草市场》，

《中国外资》2004 年第 3 期。
[5] 李保江：《跨国烟草公司“走出去”战略研究》，《中国烟草学报》2006 年第 5 期。
[6] 李景武：《“走出去”是中国烟草企业实现可持续发展的最佳战略选择》，全球品牌网，http：//www. globrand. com/special/yancaoqiye/。
[7] Jonathan Watts. *China Promises to Dash Hopes of Tobacco Industry Giants*. The Lancet. 2000.
[8] 王玉、雷霖：《烟草诉讼——中国烟草业面临的新课题》，《陕西行政学院学报》2001 年第 3 期。
[9] 程永照、苏钟璧：《全球烟草产业格局变化及发展趋势》，《经济信息参考》2004 年第 89 期。
[10] 刘胜：《烟草整合，何人得利》，中国烟草在线，http：//www. tobaccochina. com/manage/data/20048/s16162320. htm。
[11] 马超：《中国烟草“走出去”的实践和几点建议》，《中国烟草学报》2006 年第 6 期。
[12] 胡峰：《国际化进程中的中国烟草知识产权管理研究》，经济科学出版社，2008。
[13] 李景武：《走出去：给中国烟草企业带来的机遇、挑战及对策》，http：//www. globrand. com/special/yancaoqiye/。
[14] 谢冰：《文化影响企业国际化战略的理论框架研究》，《科技管理研究》2008 年第 1 期。

B.5

中国烟草产业存在的主要安全问题

摘　要：

目前，中国烟草产业存在的安全问题主要体现在以下几个方面：一是产业市场集中度偏低，缺乏大型跨国烟草公司；二是产品结构不合理，缺乏国际知名卷烟品牌；三是与国外相比，烟草科技水平仍存在较大差距；四是国际市场竞争力具有较明显的劣势；五是地区封锁和市场地域分割仍不同程度存在；六是假烟制售与卷烟走私依然屡禁不止。在经济全球化迅猛发展的今天，上述问题的存在已严重影响了中国烟草产业总体竞争力的提升和国际化发展的步伐，因此，需要引起我们高度重视。

关键词：

中国烟草产业　安全问题　市场竞争力

一　产业市场集中度偏低，缺乏大型跨国烟草企业集团

纵观中国烟草产业发展历程，1983 年发布的《烟草专卖条例》正式确立了国家烟草专卖制度；1991 年通过的《烟草专卖法》和

1997 年发布的《烟草专卖法实施条例》确定了中国“统一领导、垂直管理、专卖专营”的烟草专卖制度；2002 年国家烟草专卖局提出“大市场、大品牌、大企业”的行业发展战略，2006 年提出“两个十多个”的行业发展方向。2010 年，提出了“532”和“461”的品牌发展战略。一系列产业战略的制定和实施，加快了对中国烟草产业的整合，在很大程度上提升了烟草产业的国际竞争力。然而，与其他国家相比，中国烟草产业市场集中度仍旧偏低，缺乏大型跨国卷烟公司。当前，在世界烟草市场上，无论是烟叶原料还是烟草制品，都呈现明显的寡头垄断市场格局，产业集中度很高。其中，在卷烟市场上，菲莫国际、英美烟草、日本烟草和帝国烟草四大跨国烟草公司占据主导地位。在烟叶市场上，环球烟叶和联一国际两家跨国公司占据主导地位。2012 年，四大跨国烟草公司的卷烟产量分别为 1854 万箱、1388 万箱、1109 万箱和 585 万箱，占据了除中国以外全球接近 70% 的市场份额。其中，菲莫国际的卷烟产品在美国国内市场份额接近 50% ，而日本烟草公司在国内的市场份额则达到了 73% 左右。而截至 2012 年底，在中国 16 家卷烟工业集团及其下属的 57 家卷烟工业企业中，年产量超过 300 万箱的只有 3 家，分别为红塔集团、湖南中烟和红云红河集团，年产量超过 400 万箱的只有 1 家，为上海烟草集团和广东中烟联合开发的双喜 · 红双喜卷烟。前 10 家卷烟工业集团的市场集中度不到 50% 。与国外大型跨国烟草公司相比，中国烟草业市场集中度仍旧偏低，缺少竞争能力强的大型烟草骨干企业。

专栏 1：2012 年四大跨国烟草公司经营概况

菲莫国际：菲莫国际 2008 年从奥驰亚集团独立出来，之后该公司大力推进向国际烟草市场扩张，尤其是重点开发了亚洲、东欧

和非洲等新兴国际市场。目前，该公司的卷烟产品在全球180多个国家和地区均有销售。2012年，菲莫国际在阿尔及利亚、阿根廷、澳大利亚、比利时、巴西、哥伦比亚、埃及、希腊、印度尼西亚、墨西哥、波兰、俄罗斯、泰国、土耳其、乌克兰等主要目标市场的市场份额都不同程度地得到提高，在其中最有盈利潜力的30个目标市场份额达到37.4%，比2011年提高0.6个百分点。2012年，菲莫国际在国际市场的卷烟销售情况及重点卷烟品牌销售情况分别见表1和表2。2012年，菲莫国际全年实现销售收入773.9亿美元，比2011年增长1.4%；上缴税收460.2亿美元，比2011年增长1.7%；实现利润141.5亿美元，比2011年增长4.0%；年末资产总额376.7亿美元，比2011年增长6.1%。居《财富》世界500强企业排名第355位，比2011年上升1位。

表1　2012年菲莫国际卷烟销售情况

市　场	销售量(亿支)	增长率(%)
全部市场	9270	1.3
其中:东欧、中东和非洲市场	3038	4.7
亚洲市场	3266	4.2

表2　2012年菲莫国际重点卷烟品牌销售情况

重点品牌	销售量(亿支)	增长率(%)
万宝路	3016	0.5
蓝星(L&M)	937	4.0
邦德街	468	4.1
百乐门	434	10.1
其他烟草制品	—	9.8

英美烟草：英美烟草创建于1902年，其采取的发展战略对世界各国烟草的发展都具有一定的“风向标”作用。2012年，公司

积极拓展非卷烟类烟草制品市场，如投资1亿多英镑专门用于无烟气烟草制品的研发和推广，收购从事电子烟业务的CN创新公司（CN Creative），在韩国推出登喜路牌新品雪茄烟，在欧美市场积极推进发展“下一代烟草制品”业务等。在卷烟市场上，公司秉持以培育四个“全球驱动品牌”为核心的发展战略，重视产品创新、技术创新和管理创新，继续保持稳健的发展态势。英美烟草2012年重点卷烟品牌销售情况见表3。全年实现销售收入727.5亿美元，同比下降0.5%；缴纳税收486.6亿美元，同比下降0.1%；实现利润85.8亿美元，同比增长14.7%；年末资产总额433.4亿美元，同比增长0.8%。居《财富》世界500强企业排名第445位，比2011年上升21位。

表3　2012年英美烟草重点卷烟品牌销售情况

重点品牌	销售量(亿支)	增长率(%)
四个“全球驱动品牌”	2320	3.0
其中:登喜路	490	2.0
健牌	670	1.0
好彩	330	11.0
波迈	830	3.0
其他国际性知名品牌	3770	2.0

日本烟草公司：日本烟草公司于1985年改制成立。其一直实行政府控股。但为了筹集地震重建所需资金，日本政府于2013年2月25日拟出售其所持公司股份，共3.33万亿日元，约103亿美元（按当日价格计算）。待此项股权出售以后，虽然日本政府仍拥有该公司36.7%的股份，但其已不具有绝对控股地位。受世界各国执行《烟草控制框架公约》的影响，2012年，公司将其旗舰品牌“柔和七星”更名为“MEVIUS”，并于2013年初开始正式实

施。与此同时，公司还不断加大向非卷烟类烟草制品市场扩张的步伐，先后收购了比利时的格里森（Gryson）细切烟丝公司和埃及的纳哈拉（Nakhla）斗烟公司等。

2012年，日本烟草公司在国内市场销售卷烟共1171亿支，增长8.0%；在国内市场所占比重为59.5%，比2011年提高3.9个百分点。在国际烟草市场上，2012年全年销售卷烟4365亿支，增长2.5%。国内、国际市场全年卷烟销售总量5536亿支，增长3.6%。2012年其重点卷烟品牌销售情况见表4。

表4　2012年日本烟草重点卷烟品牌销售情况

重点品牌	销售量(亿支)	增长率(%)
八个"全球旗舰品牌"	2688	4.8
其中:云丝顿	1394	6.7
乐迪(L&D)	451	11.4

2012年，日本烟草公司烟草业务总销售收入为775.5亿美元，增长7.6%；缴纳税收510.6亿美元，增长8.3%；实现利润52.0亿美元，增长12.4%。包括非烟资产在内的资产总额为470.2亿美元，下降2.0%。居《财富》世界500强企业排名第427位，比2011年上升1位。

帝国烟草：帝国烟草作为世界第四大跨国烟草公司，拥有员工3.7万名，烟草制品生产厂47个，产品在世界160多个国家和地区均有销售。2012年，公司仍然以促进全系列烟草制品的发展为重点，不断强化在产品创新、品牌营销、供应链管理和成本控制等环节的工作，该公司2012年全年销售卷烟共2925亿支，比2011年下降3.2%；销售细切烟丝折算441亿支，比2011年增长0.5%。其重点卷烟品牌2012年的销售情况见表5。

表5　2012年帝国烟草重点卷烟品牌销售情况

重点品牌	销售量(亿支)	增长率(%)
四大"核心战略品牌"	1023	6.9
其中:大卫·杜夫	197	8.8
高卢金丝	320	11.1
威狮	258	4.5
JPS	248	2.9

帝国烟草2012年全年烟草销售收入335.6亿美元，比2011年下降0.5%；上缴税收220.5亿美元，比2011年下降1.0%；实现调整后利润47.4亿美元，比2011年增长2.2%。年末资产总额438.4亿美元，比2011年下降9.6%。居《财富》世界500强企业排名第452位，比2011年上升39位。

资料来源：李保江：《2012年世界烟草发展报告》，《东方烟草报》2013年3月6日。

二　产品结构不合理，缺乏国际知名卷烟品牌

目前，国际主流卷烟产品大都以混合型、低焦型和淡香型产品为主，而中国卷烟市场仍然以烤烟型、高焦型和浓香型产品为主，近年来虽然也采取了一系列措施积极提高产品质量、改善产品结构，但是从产品主体结构来看，仍然存在很多不尽如人意的地方。比如，目前无论是烟叶，还是卷烟，烤烟型产品都占据国内市场相当大的比重，烤烟型卷烟依然是中国卷烟市场上的产品主流。2012年，中国种植了烤烟2118万亩，收购烤烟5474万担，占烟叶收购总量的90%以上。而在混合型卷烟方面，中国烟草仍表现出供给不足的特征。在国际市场上，混合型卷烟份额已经超过20%，许多国家份额

达到80%以上。从世界卷烟市场的发展现状和未来趋势来看，高香味、低焦油混合型卷烟仍是主流方向，为开发国际市场、应对国际市场竞争，中国卷烟产品结构还需要进一步优化升级。

对于卷烟品牌，中国2001年共生产卷烟牌号1049个，平均每个牌号生产规模不到3万箱，最大品牌的市场份额为3%，前4大品牌的市场份额不到9%，没有一个品牌的产量超过100万箱。近些年，烟草品牌开始着力由多牌号、多规格竞争开始向牌号集中转变。烟草产业始终把加快重点品牌规模扩张、积极实施减害降焦、着力提升品牌价值作为战略任务和主要目标。继2002年提出“大市场、大品牌、大企业”的行业发展战略以及2006年提出“两个十多个”的行业发展方向之后，2010年，国家烟草局又提出了“532”“461”卷烟品牌发展战略，从而在更大程度上促进了我国卷烟品牌的快速发展。2012年，从品牌集中度来看，全行业在产卷烟品牌数量减少到98个，前10个品牌集中度由2001年的15.1%提高到2012年的47.69%。中国烟草市场品牌集中度演变趋势见图1。

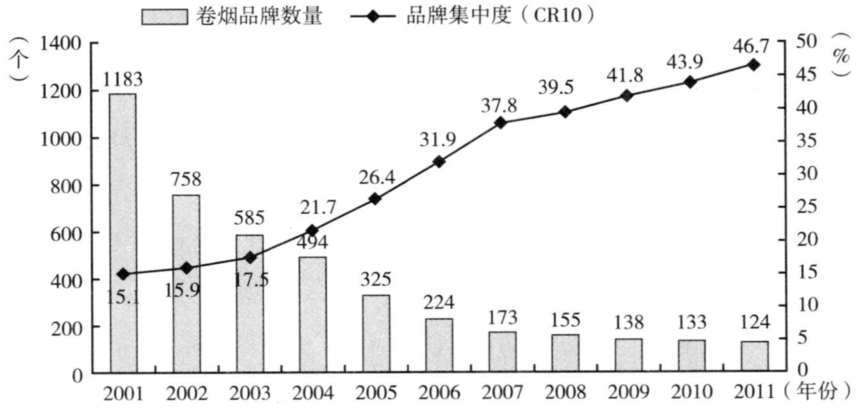

图1　中国烟草市场品牌集中度演变趋势

资料来源：2012年全国卷烟交易信息。

从品牌规模扩张来看，2012 年，全国年产销量超过 100 万箱的品牌达到 16 个，其中，红塔山、白沙、云烟年产销量达到 300 万箱，双喜 · 红双喜年产销量超过 400 万箱；从品牌价值来看，有 9 个品牌的年销售收入超过 400 亿元，其中，双喜 · 红双喜、云烟、芙蓉王、利群、黄鹤楼、玉溪 6 个品牌的年销售收入超过 600 亿元，中华年销售收入突破 1000 亿元。经过历年的发展，中国卷烟品牌资源配置效率明显增强，在品牌整合和品牌价值提升方面已取得较大成效。然而，中国目前仍然没有一个国际知名的卷烟品牌，生产规模最大品牌（双喜 · 红双喜）的国内市场集中度也只有 8% 左右。而四大跨国烟草公司基本都拥有 1 ~ 2 个独树一帜、产量巨大的国际品牌，并占据全球品牌卷烟市场约 25% 的份额。美国菲莫公司仅万宝路一个品牌的卷烟产品，其占据国内市场份额就达到 30%，因此，相比之下，中国缺乏国际知名的卷烟品牌，国内卷烟品牌的国际竞争力依然很弱。

专栏 2：21 世纪以来中国卷烟品牌发展历程

进入 21 世纪，中国卷烟品牌的发展演变历程大致可以分为以下三个阶段：

第一阶段（2001 ~ 2005 年）：“三大”发展战略推动品牌规模扩张

2001 年，中国卷烟品牌共 1183 个，产品规格 2804 个，平均每个品牌年产规模仅为 2.87 万箱，呈现“弱、小、散、乱、低”的发展格局。为改变这种不良状况，国家烟草专卖局同年出台了《关于加快卷烟产品结构调整的意见》，同时开始评选“全国烟草行业名优卷烟品牌”，当年评选出以中华、红塔山、芙蓉王为代表的 36 个名优品牌作为重点扶持对象，促进了企业品牌意识的增强

和卷烟品牌的发展。此后两年内，这些名优品牌卷烟产销量占行业卷烟总产销量的比重提高了10个百分点以上，中国卷烟品牌迈出了快速发展的第一步。

2002年，国家烟草专卖局提出“大市场、大品牌、大企业”的发展战略，成为“十五”期间国产卷烟品牌规模扩展的政策基础。然而，到2003年，全国卷烟品牌的数量仍然接近600个，在评选出的36个名优品牌中，有一半以上的品牌具有十分明显的区域性特征，没有成为真正意义上的全国性名优卷烟，这与行业大品牌发展的要求相距甚远。因此，伴随着行业工商分开改革以及“深化改革，推动重组，走向联合，共同发展”战略的实施，国家烟草专卖局取消名优卷烟品牌的评选，对重点品牌的扶持在政策上开始转变。2004年，国家烟草专卖局出台了《卷烟产品百牌号目录》，提出在今后2~3年内，全行业卷烟产品生产和销售牌号（四、五类卷烟除外）压缩到100个左右的目标。当时，“挤进百牌号”几乎成为国内所有卷烟品牌的目标。在随后的两年间，各卷烟工业企业对“弱、小、散、乱、低”的品牌进行了大刀阔斧的整合，精简牌号、培育品牌、整合资源的扩张行动在全行业展开。同时，以品牌为纽带，各卷烟工业企业加快了联合重组的步伐，全行业资源优化配置取得了初步成效。当年，白沙、红梅、红河3个重点名优品牌的年产销量就超过了100万箱。

第二阶段（2006~2010年）：两个“十多个”战略构想促进品牌价值提升

进入“十一五”以来，为进一步为卷烟品牌的长远发展指明方向，国家烟草专卖局于2006年颁布了《中国卷烟品牌发展纲要》，明确提出“十一五”期间要着力培育十多个全国重点骨干企业和十多个全国重点骨干品牌的目标。十多个重点骨干品牌的培育要建立在卷烟百牌号基础之上，同时也要突出市场竞争在品牌培育过程中的调节作用。在“两个十多个”战略构想的指导下，“十一五”前期，以红梅、红河、红山茶、白沙为代表的全国性强势品牌大力实施品牌输出，积极抢占计划指标，聚集企业资源，规模扩张呈现出强劲的发展势头。2006年底，烟草行业年产销量100万箱以上的品牌增加至8个；2007年底，该数字变为13个。

2008年，国家局出台《关于卷烟品牌定向整合的指导意见》并公布了《2008年卷烟品牌定向整合产品目录》。同年，出台了《全国性卷烟重点骨干品牌评价体系》，该评价体系将现有品牌划分为全国性品牌、区域性品牌和国际性品牌三类，并评选出20个全国重点骨干卷烟品牌。为更好地适应市场需求，并促进混合型卷烟的进一步发展，在公布前20个全国性卷烟重点骨干品牌评价结果的同时，国家烟草局还将钻石、金圣等10个重点品牌视同前20名全国性卷烟重点骨干品牌进行考核。至此，首批“20+10”品牌目录诞生。“20+10”全国性重点骨干品牌评价提升了全国范围内的品牌整合速度，为“十多个重点骨干品牌”的培育和形成注入了“催化剂”。在此之后的品牌发展则从“单纯规模型”开始向“规模效益型”模式转化，以红塔山、双喜、云烟、七匹狼、白沙为代表的中高档卷烟品牌成为各卷烟工业实施定向整合、推进资源优化配置目标品牌并逐渐形成“大品牌赢得大市场－大市场整合大资源－大资源推动品牌大发展”的良性发展轨道。中华、芙蓉王、玉溪、利群、黄鹤楼等高档卷烟品牌也对提升品牌价值注入更多精力，在保持规模稳定增长的同时，不断提升品牌的附加价值和溢价能力，进而成为国产卷烟高价值品牌的另一支主导力量。

第三阶段（2011 年至今）："532""461" 引领品牌目标集聚

进入"十二五"时期，"卷烟上水平"成为烟草行业一场新的重大变革。其中，"品牌发展上水平"则成为实现"卷烟上水平"任务的重中之重，为加快重点卷烟品牌规模扩张、积极实施减害降焦、着力提升品牌价值，国家烟草局提出了"532""461"卷烟品牌发展战略，这是继2002年"大市场、大品牌、大企业"的行业发展战略以及2006年"两个十多个"的行业发展方向之后的又一重要品牌发展目标。其中"532"勾勒了卷烟品牌规模扩张的蓝图，指争取用五年或更长一段时间，着力培育2个年产量在500万箱、3个年产量在300万箱、5个年产量在200万箱以上，定位清晰、风格特色突出的知名品牌；"461"描绘了卷烟品牌价值提升的愿景，指争取到2015年，培育12个销售收入超过400亿元的品牌，其中6个品牌超过600亿元、1个品牌超过1000亿元。到"十二五"末的2015年，由"532"和"461"战略所实现的"十多个大品牌"将涵盖中国烟草规模和效益排前的所有品牌，总量将达到3500万箱以上，届时将占据中国卷烟市场超过2/3的份额。更为重要的是，"532"和"461"目标的提出，如同"工商分离"一样，成为新一轮行业改革的突破口，进而巩固和提高改革成效，加速和推进改革步伐。截至2012年底，全国年产销量100万箱以上的品牌有16个，其中，红塔山、白沙、云烟年产销量达到300万箱，双喜·红双喜年产销量超过400万箱，"532"品牌发展目标取得重大进展。全国年销售收入400亿元以上的品牌有9个，其中，双喜·红双喜、云烟、芙蓉王、利群、黄鹤楼、玉溪6个品牌年销售收入超过600亿元，中华年销售收入突破1000亿元，"461"品牌发展格局基本形成（见表6）。

表 6　2003～2012 年全国卷烟品牌号、集中度变化情况

年度	2003	2004	2005	2006	2007	2008	2009	2010	2011	2012
在产卷烟牌号(个)	582	423	325	224	173	155	—	—	—	98
前十品牌集中度(%)	17.5	21.7	2.64	31.9	37.8	39.5	41.8	43.9	46.7	47.69

“532”“461”品牌发展战略的提出，不仅将加速全国性重点骨干品牌的发展步伐，直接影响烟草企业的生产经营管理活动，更将重新确定整个烟草行业的未来走向和战略格局。至此，中国烟草行业将进入一个全新的发展阶段。然而，现阶段，中国卷烟品牌发展中仍存在一些问题，比如部分品牌的整合深度有限，被整合的品牌以新品牌、老规格的形式继续留存；一些重点品牌，依然存在规模很小的产品规格；品牌内部存在许多定位不清甚至同质化严重的产品规格等。因此尽管烟草工业企业规模在不断扩大，但与形成国际知名大品牌的要求还有很大差距。

三　与国外相比，烟草科技水平仍存在较大差距

烟草产业的技术创新是一个前景广阔的发展领域，无论是在烟叶的种植、加工、储运环节，还是在卷烟的生产、包装、销售环节，都存在巨大的研发创新潜力和空间。为适应国际烟草市场需求变化的趋势，国外烟草公司曾一度调整烟草产品结构，致力于叶组配方、辅料及香精香料等卷烟工艺配方技术的研发和创新，并取得丰硕的成果，基本满足了多元化国际卷烟市场的需求。近年来，随着国外对卷烟烟气焦油、烟碱和 CO 的立法限制、《烟草控制框架公约》的颁布与实施以及全球性反烟运动的日益高涨，国外烟草

公司又开始对如何降低卷烟危害性、降低卷烟引燃倾向以及无烟气烟草技术（未来世界烟草制品的发展方向）等方面进行专项研究，取得较大进展，并将研究成果广泛应用于低危害、低引燃倾向卷烟设计以及无烟气烟草制品的研发过程中，有些商品已经进入销售市场。

为适应世界卷烟产业的发展趋势及经济全球化下的烟草竞争，中国烟草产业也一直将技术创新工作放在突出位置，并取得了许多重要成果。比如在烟草育种、降耗、打叶复烤工程、烟草薄片应用、膨胀烟丝、香精香料开发应用等方面的研究已取得明显成效；在卷烟降焦减害技术、烟草基因组改造、造纸法再造烟叶技术、特色优质烟叶开发技术、卷烟增香保润技术以及中式卷烟制丝生产线研发等方面也取得重要进展。然而，与国外相比，中国烟草技术研发仍存在较大差距，处于落后水平，不能适应未来国际竞争的需要。比如，在焦油量指标上，目前国际对香烟焦油量规定的标准是低于10毫克/支，而日本则规定每支卷烟焦油量不得超过8毫克。而中国2011年全国卷烟焦油量平均值为11.5毫克/支，2012年为10.9毫克/支，虽然与以前相比，中国卷烟焦油量已有很大进步，然而，用国际的标准来衡量，中国卷烟焦油量仍处于平均水平以下，不利于卷烟产品未来的国际竞争。再比如，对于世界烟草科技研发前沿领域——低危害、低引燃倾向卷烟技术以及无烟气烟草制品的研发，目前，中国既未制定限制卷烟引燃倾向的相关法规，对于低引燃倾向卷烟的研发工作也仅处于起步阶段。虽然在国外，制定并实施卷烟引燃倾向法律法规的国家不多，其对我国的影响也仅限于出口的少数卷烟产品，但我们应该认识到，实施卷烟引燃倾向法律法规的国家对我国烟草企业的卷烟产品出口实际上已垒起了潜在的技术贸易壁垒，十分不利于未来中国卷烟对国际市场的开发。

对于无烟气烟草制品研究，国内烟草产业虽已开始起步，比如已研制出袋装烟草制品和含化型无烟气烟草制品，但仍缺乏有针对性的、适合国内外消费者需求的多种无烟气烟草制品等。

专栏3：中国烟草科技的发展

步入21世纪，科技工作对于行业发展的重要性日益显现。烟草科技的发展方向日益明确：2003年国家局制定了《中国卷烟科技发展纲要》，提出“发展中式卷烟”的战略目标，2005年提出以四大战略性课题为突破口，2006年出台了《烟草行业中长期科技发展规划纲要（2006～2020年）》，确定了八个重点领域与优先主题，九个重点专项。其中，四大战略课题为烟草育种、特色工艺、调香技术、减害降焦，八个重点领域与优先主题为烟草育种、烟叶原料、卷烟调香、特色工艺、减害降焦、技术装备、循环经济、数字烟草，九个重大专项为烟草基因组计划、高香气低危害烟草新品种、无公害烟叶工程、基本烟田治理工程、特色优质烟叶开发、卷烟增香保润、卷烟减害技术、中式卷烟制丝生产线、超高速卷接包机组。

- **烟叶科技：巩固中式卷烟原料基础**

“世界上没有哪个国家能够完全满足中国原料的需要，而真正的大品牌也不会只依赖某种烟叶。发展中式卷烟首先是坚持以中国烟叶为主要供应原料，研究开发中式卷烟所需的优良稳定原料是一项及时且有深远意义的工作。”国家局科技司司长金忠理的这番话，可谓掷地有声。为巩固中式卷烟原料基础，烟草科技部门在品种选育、区划研究、田间指导等方面开展了大量的工作。

农以种为先，品种选育能推进烟叶水平的实质性突破。中式卷烟战略对烟叶育种提出了全新要求，培育出优质多抗、适应性强、

风格特征明显、品质类型多样化的品种，是摆在科技人员面前的一道难题。

新挑战催生新思路：2005年烟草育种列入行业四大战略性课题，2006年高香气低危害烟草品种选育列入9个行业科技重大专项；新思路推动新动作：2001年国家局成立中烟种子有限责任公司统一繁种供种，2005年烟草种质资源平台建设启动；新动作产生新成果：2001年以来39个烟草新品种审定通过，自育品种推广面积从31%提高到75%，烟草基因组计划重大专项正在紧锣密鼓地研究。

烟草育种已成为行业可持续发展的战略工程，然而仅有好种子是不够的。“橘生淮南则为橘，生于淮北则为枳”，种植经验表明产地自然条件决定烟叶风格。因此，充分研究烟区生态，能引导和强化中式卷烟的原料特色。如果把品种选育和区划研究看作“谋天时”与“图地利”，那么开展科技指导则是“求人和”。推广适宜生产技术能彰显本地烟叶特色，降低种烟难度。2008年，全国共有烟草种植技术员72861人，培训烟农约720万人次。

发展无止境，未来有目标。建立适应中式卷烟发展需要的中国特色优质烟叶原料生产供应体系，影响深远。2008年，国家烟草专卖局将部分替代进口烟叶工作纳入特色优质烟叶开发重大专项，科技助力烟叶生产进入以“提高质量水平、突出风格特色”为重点的新阶段。

- **工业科技：锻造卷烟上水平的核心**

跨入21世纪，卷烟工业企业联合重组步伐加快，大对大、强对强、快对快的竞争格局初步形成，以往拼资金原料、科技含量低、资源利用率低的生产模式难以为继，从而对行业经济增长方式的转变，提出了新的要求。生产技术创新正是工业企业经济增长方式转变的关键。正如国家烟草专卖局局长姜成康所说："技术创新是品牌发展的源泉，是卷烟上水平的核心。"

早在20世纪八九十年代，各卷烟厂就不断通过推动技术改造、加强基础管理等措施，促使产品质量稳定提升。但其特色风格尚未充分显现，与消费者不断增长的需求还存在着较大差距。21世纪确定的行业四大战略课题中，减害降焦、特色工艺、卷烟调香都与卷烟生产直接相关。在科技部门和工业企业的齐心协作下，行业紧紧围绕培育名优品牌的技术，突破层出不穷。"减害降焦是行业持续健康发展的必然选择，是责任烟草的具体体现，是提升中式卷烟核心竞争力、实现卷烟上水平的重要途径，是确立中式卷烟比较优势的关键环节。"国家烟草专卖局副局长张保振这样说明开展卷烟减害降焦工作的意义。广大科技人员充分发挥聪明才智和创造热情，通过不断开展科研攻关，使全国卷烟平均焦油含量由2000年的16.1毫克/支降到2012年的10.9毫克/支。由于中式卷烟与国外卷烟有明显差异，盲目地跟从国外降焦幅度将明显损害中式卷烟的感官质量。"稳步降焦、重在减害"的提出正当其时。2007年，科技部门确定了卷烟主流烟气中7种主要有害成分：CO、HC_n、NNK、NH_3、苯并芘、苯酚、巴豆醛，相关检测体系迅速建立。2009年6月，卷烟减害技术重大专项的启动，标志着减害降焦工作迈上了新台阶。

特色工艺和卷烟调香技术，作为形成产品特色的关键技术，逐渐成为卷烟生产科技的重点。近年来，各工业企业都对影响和形成产品特色风格的叶组配方、加香加料、辅料选择和工艺加工四要素间的相互作用进行了系统研究。同时，通过培养高水平调香人员，企业香精香料的自主调配设计能力大大提升。2008年中式卷烟制丝生产线重大专项启动，2009年增香保润重大专项启动。百舸争流，时不我待。部分工业企业已在天然本草香料添加、增香保润薄

片研制、优化叶组配方等方面开展了积极研究。

我们应该看到，开展卷烟生产技术创新不仅仅在于解决某项产品问题，更有价值的是在过程中夯实基础、提升实力、拓宽研究领域、探索研究模式，从而推动整体技术创新能力的提升，为卷烟上水平提供强有力的支撑。

- **信息应用：向“数字烟草”时代迈进**

2003年，国家局明确提出用信息化带动烟草行业现代化建设是今后一个时期烟草行业的主要任务之一；2005年，国家局颁布《数字烟草发展纲要》，明确提出了打造数字烟草的建设目标和任务，为行业信息化科学有序发展画出了清晰的蓝图。伴随着烟草产业的改革和发展，信息化已取得丰硕成果：基础设施已初具规模，电子政务、电子商务、管理决策三大应用体系的建设稳步推进，烟叶、商业、工业信息化建设取得的成效显著，重点工程和数据中心建设也取得积极进展。

据不完全统计，目前，全行业共有小型机1500多台套，PC服务器6300多台，管理人员桌面计算机拥有率超过95%；数据库、中间件等系统软件逐渐趋于统一，奠定了信息化统一平台的基础。以国家烟草专卖局为中心，连接各直属单位、覆盖县级机构的行业内联网搭建完毕，实现了网络互联互通。国家烟草专卖局大力推进行业信息化重点工程建设。网上交易、专卖准运证、办公自动化、远程公文传输、行政审批事项的网上申报和审批等系统在行业的日常管理中发挥效益明显，尤其是被称作“一号工程”的决策管理系统更促使了行业管理水平的全面提升。

- **健全完善科技创新体系**

对于科技创新体系建设，中国烟草一直给予格外关注。布局合理、分工协作、满足烟草科技发展需求的科技创新体系建设，是建设创新型行业的基础和保障。

国家局重视专业科研机构建设由来已久，郑州烟草研究院、青州烟草研究所等机构都已走过50年的光辉历程。踏入21世纪，以2001年组建玉溪中烟种子有限责任公司为代表，行业更重视科研与生产相结合，注重科技成果的转换。从2005年起，国家局先后在烟草育种、烟草工艺、烟草化学、吸烟与健康等关键领域建立了十余个行业重点实验室（中心）。它们从事烟草科技研究、技术成果应用、节能减排指导等工作，大大提升了行业的总体竞争力。

企业已经成为科技创新体系的主体。最近几年，各工业企业围绕提高卷烟品牌的市场竞争力，烟叶生产企业围绕满足中式卷烟原料需求，烟机企业围绕为行业提供强有力的技术装备保障，纷纷成立了技术中心或烟草试验站，从事相关技术的研究运用。2003年成立的集成高等院校、科研院所相关力量，突出特色、强化应用的黄鹤楼科技园，正是其中的佼佼者。

- **人才培养与学术交流成为行业科技持续发展的新关键**

这些年，烟草行业与中科院、农科院、医学科研机构等相关单位的合作不断加强，技术人员的上升渠道逐渐完善，创新理念和科研氛围日益浓厚。与此同时，中国烟草学会积极开展多层次的学术交流，提高学术活动的质量和水平。尤其是在全行业的大力支持下，学会圆满完成了中国烟草博物馆的布展和《中国烟草通志》的编纂工作，为行业精神文明建设做出了贡献。

21世纪以来，随着经济全球化进程的不断加速、科技进步和中国社会经济的快速发展，尤其是在中国正式加入WTO和签署《烟草控制框架公约》以后，全国卷烟产品和烟叶市场的国际化程度日益加深，烟草行业发展的外部环境受到了更多限制，国内市场竞争更加激烈，烟草行业正面临着前所未有的压力和挑战。中国烟

草要在激烈的竞争中获取优势地位，必须重视科技创新，拥有具有自主知识产权的核心技术，促进具有中式卷烟特色著名品牌的发展，全面提升中国烟草的科技水平和总体实力。我们相信，中国烟草科技能够在既有成就的基础上不断实现自我超越，在对传统的延续上不断创新，不断书写新的经典，创造更多辉煌。

资料来源：烟草在线。

四　国际市场竞争力存在劣势

国际市场竞争力的劣势可以通过对中国与国外烟草公司的国际市场占有率、贸易竞争指数以及显示性比较优势指数这几个指标的比较中明显地体现出来。根据廖翼和周发明（2012）的研究可知，国际市场占有率，反映了一国或地区产品出口的整体竞争力。1995～2004年，美国、英国、德国、荷兰、巴西等国的烟草及烟草制品均在5%以上，其中美国每年都在10%以上。而同期中国烟草及烟草制品年均国际市场占有率仅为2.39%，与国外相比有很大差距。从2001年开始，中国烟草及烟草制品的国际市场占有率虽然开始呈现波动式上升趋势，但上升幅度很小，2009年的国际市场占有率仅为2.81%，累计上升0.93个百分点。其中，雪茄烟的国际市场占有率最低，许多年份的指标值为零或接近零，说明中国雪茄烟的整体出口实力很弱。而实际上，雪茄烟作为高档消费品，具有很大的利润空间，增加雪茄烟的生产和出口应该成为中国提高卷烟价值水平的一个有效途径。贸易竞争指数反映了一国某产业的产业内贸易竞争力的高低，取值范围在-1到1之间，当取值大于零时，表明该国为产品净出口国，该国产品的生产效率高于国际平均水平，具有贸易竞争优势，且数值越大，竞争优势越强；反之，则竞争优势越弱。中国烟草及烟草制品1998年和1999年的贸易竞争力指数在0.5以上，说明这两年中国烟草出口显著大于进口，竞争优势比较明显。然而，其后若干年，该指标却基本呈现下降趋势，2008年变为负数，说明该年中国烟草贸易呈现逆差，到2009年也只有0.02左右，从而表明从总体上讲，中国烟草及烟草制品具有较低的比较优势。显示性比较优势指数反映一国某产品的出口与世界平均出口水平的相对优势。一般认为，当该指数小于0.8时，说明一国某产品的国际竞争力较弱；该指数界于0.8和1.25之间时，说明一国某产品在国际市场上具有中等竞争力；该指数界于1.25和2.5之间时，说明一国某产品具有较强的出口竞争力；而当该指数大于2.5时，说明一国某产品具有很强的出口竞争力。廖翼和周发明（2012）的测算结果显示，1995~2009年间，除个别年份外，中国烟草整体显示性比较优势指数和各类烟草及烟草制品的显示性比较优势指数均小于0.8，说明中国烟草产品在国际市场上的整体竞争力很弱。同时，近年来，该指数还呈现逐渐下降的趋势，表明中国烟草产业的国际竞争力还在逐步下降。

五　卷烟制假与走私依然屡禁不止

长期以来，卷烟市场上的假烟泛滥，走私烟屡禁不止，不但危害消费者的健康，减少国家税收来源，破坏名牌卷烟的声誉，扰乱国内卷烟市场秩序，而且大量国外卷烟的非法流入，侵占了中国相当份额的卷烟市场，对中国烟草专卖制度和民族卷烟工业的发展造成很大冲击。多年来，中国政府一直对假烟制售与卷烟走私行为保持高压态势和严厉打击，采取一系列措施打击卷烟违法犯罪行为，并取得很大成效。其中比较有名的措施是被业内称为“内管外打”的行动，其影响非常广泛。其中，“内管”是指严格管理制度，整顿和规范系统内企业的生产、经营行为，堵塞卷烟市场上出现问题的源头，并通过制定相应的法律法规制度，进一步规范烟草企业的行为，对违法、违规者进行严肃处理。“内管”意味着从中央计划的下达执行到烟草的种植、收购，卷烟的生产、运输、批发，辅料的销售，烟机的购置与报废处理等各个环节，都要全面加强管理，同时建立烟草内部督察制，定期检察各地法律规章的执行情况。“外打”是指严厉打击假烟制售和卷烟走私，集中力量捣毁造假、制假、贩假、走私严重的窝点，严惩造假、制假、贩假人员和走私团伙。为取得更好的效果，“外打”往往需要地方政府大力支持，并联合工商、公安、检察、海关、边防等部门，协同作战，共同行动，严厉打击卷烟违法犯罪活动。为调动各地方政府及相关部门打假打私的积极性，国家烟草专卖局还通过制订和实施各种激励措施，以切实加大打假打私力度，使打击打私行动取得实效。

政府一直在不遗余力地打击假烟制售和卷烟走私，该类活动却屡禁不止，其原因何在？总结起来，主要有以下几点：其一是有巨额利润。马克思曾经说过：“一旦有适当的利润，资本就胆大起来，如果有百分之十的利润，它就会保证被到处使用；有百分之二十的利润，它就能活跃起来；有百分之五十的利润，它就铤而走险；为了百分之一百的利润，它就敢践踏人间一切法律。”无论是假烟制售还是卷烟走私，其中存在的巨额利润可以说是不法分子违法犯罪活动的原动力。以假烟制售为例，烟草公司批发价380元/条的“硬中华”，假烟的市场价格为20元/条；批发价400元/条的“苏烟”，假货仅卖42元/条；批发价120元/条的“三五”，假烟28.5元/条就可拿到，假烟与真货的差价基本在5~20倍。以一台卷烟机每天生产 10 万条假烟和每生产 1 条假烟制假者可获利 1 元钱计算，假烟制售者一天就可获利 10 万元。而实际上，假烟制售者获取的利润还要远远高于这个数字。有如此巨大的利润吸引，不法分子甘愿铤而走险也在预料之中了。其二是有市场需求。对于国产卷烟，烟草公司实行计划管理会导致卷烟产品与市场脱节的现象。比如利群、红双喜、白沙等中低档卷烟往往会存在很大的市场缺口，这就给此类卷烟的出口倒流提供了“绝佳”的市场机会。而对于外烟，无论是出于品牌忠诚、口味爱好、身份象征还是崇洋心理，国内总有一批忠实的外烟消费者，再加上国内外烟长期进口不足，也给外烟走私营造了一定的市场空间。此外，有一些国外烟草公司，为打入中国烟草市场，对卷烟走私采取默许、支持、纵容的态度，也对卷烟走私行为起到了莫大的推动作用。其三是假烟制售和卷烟走私呈现团伙化、网络化特征，在客观上增加了打击的难度。以假烟制售为例，调查发现，假烟制售犯罪活动已转向社会化分工，形成产、供、运、销“一条龙”产业链，假烟制售人员有着严密的组织和实力，呈现团伙化和网络化特征，从而增加了打击的难度。要根除假烟制售行为，必须堵住假烟产、供、运、销等各个环节的漏洞，坚持源头和终端一起打击方能取得实效。然而，由于制假分子的反侦察手段日益狡猾多变，打假工作也面临越来越大的压力。比如假烟制作场所会租赁在郊区不起眼的民房，有的甚至在偏僻山区挖洞建房，即使真正的大经销商也很难知道生产所在地。在运输环节，由于海上运输量大、监控难度高，容易给制假分子以可乘之机，近年来海上运输逐渐成为假烟运输的主要手段。此外，一些正规商铺为谋求暴利也参与假烟销售。这些都增加了假烟制售打击工作的难度。其四是执法的局限性也是假烟制售和卷烟走私屡禁不止的重要原因。以卷烟打假为例，由于各烟草公司的职权有限，在查办假烟制售过程中，“检查难、取证难、处罚难、执行难、追究难”五大难题一直束缚着专卖人员的手脚。为使打假行动取得实效，假烟检查必须采取相关部门联合执法的方式。而在联合执法过程中，烟草专卖管理部门不仅出钱、出物，还时常处于“低人三分”的尴尬境地，卷烟打假常被作为烟草部门的“家事”，其他相关部门联合打假的积极性往往不高。因而，打假的合力被大大削弱。此外，相关法律法规宣传不足、日常市场监管不够、责任制度落实不力、执法处罚的力度不到位等也都为卷烟违法犯罪活动制造了可乘之机。

假烟制售和卷烟走私犯罪活动一直灭而不绝，对整个烟草行业和烟草市场的恶劣影响也一直存在，有时甚至会直接威胁到烟草行业的整体生存和发展能力。为保障烟草行业正常的生产经营活动，规范卷烟市场秩序，保障国家和消费者的利益，增强民族卷烟品牌的国际竞争力，烟草未来的打假打私工作仍非常艰巨，任重而道远。

专栏4：千亿支走私烟幕后

经过对上百万英美烟草公司内部文件的检索和分析，一份历时五年的研究报告指出，英美烟草公司是中国大规模香烟走私活动的原动力。

20世纪90年代初，当香烟走私大行其道时，人们就开始思考一个问题：烟草商在走私中究竟承担什么样的角色？20世纪90年代中期，欧美曾掀起一系列针对烟草公司的诉讼，指控它们扩大销量、利用走私避免贸易壁垒或开辟新的市场，纵容甚至参与走私活动，但最后这些诉讼大都不了了之。直到1998年美国法院颁布“明尼苏达判决”，要求英美烟草公司公布上百万份与法律诉讼相关的内部文件，烟草巨头与走私活动之间的内幕才逐渐浮出水面。从2001年开始，基于内部文件的研究成果不断涌现，英美烟草与拉美、苏联、亚洲等地走私活动的关系也逐渐曝光。

2006年7月，英国《公共图书科学》杂志发表了《未来的关键：英美烟草公司以及中国的香烟走私》一文。报告作者——伦敦卫生及热带医学院的凯利·李（Kelley Lee）博士和爱丁堡大学的杰夫·科林（Jeff Collin）博士历时五年，经过对上百万份英美烟草文件的研究后提出，英美烟草公司涉嫌共谋在中国大规模走私香烟。两位博士的研究报告显示，从20世纪90年代中期起，英美烟草便开始了通过渠道重组促进所谓的对华“转移贸易”。20年来，英美烟草公司一直致力于通过重组运作，控制供应链以及操纵价格等方式，控制和扩大对中国的香烟走私，并从中获取巨额利润。

“转移贸易”（Transit Trade）、“一般性贸易”（General Trade）、“自由市场”（Free Market）、“不付税”（Duty-not-paid）等，这些看上去毫无联系的词语，正是英美烟草公司内部文件研究者一直苦苦追踪的关键词。在他们看来，这些词汇，实际上代表了“走私”的别名与唯一的官方渠道——中国烟草进出口公司——的区别。

英美烟草进入中国的历史始自1975年。全球1/3的香烟销售量、全球最大的吸烟人群以及长期的市场封闭，使得中国成为国际烟草巨头眼中最具潜力的目标，被称为“烟草业新兴市场的终极大奖”（Ultimate Prize）。但是，进入中国的合法渠道极其严苛。对于外烟，中国除了实行高税额和配额限制外，还实行专卖制，进口权由中国烟草进出口公司统一管理，再经国有销售渠道下放到各地方专卖局，然后才能到达零售终端销售。这样，通过合法途径进入中国的外烟数量就很少。在英美烟草公开的一份撰写于1993年题为《亚太回顾》的文件提到，英美烟草所有在中国的销量只有5.4%是通过合法渠道进行的；余下的，则通过类似自由市场、一般性贸易、不付税等种种手段进入。

英美烟草是如何运作的呢？“它们并没有直接走私，但它们有意识地卖给第三方，某些第三方往往在从事走私。”该项研究报告的作者之一凯利·李博士说道。其主要方式，则是通过一个精心设计的渠道重组计划。从1990年开始，英美烟草便通过设计重组其在大中华地区的运营，以“提高渗透中国市场的效率”。计划的核心是控制供应链，以优化英美烟草在不同市场的销售，避免不必要的海关和官员的注意。根据研究报告，引发重组计划有两个因素，一是规避关税壁垒，二是1997年的香港回归。一直以来，英美烟草香港公司（BATHK）不仅负责香港和澳门市场，也负责所谓的对华“捆绑贸易”。到1991年，对华销售已经成为BATHK最大的业务，占总量的92%。但在英美烟草渠道重组计划的决策者看来，BATHK的市场运作并不充分，也不够灵活，无法适应1997年香港回归的形势。

英美烟草决定设立不同的公司，以针对不同的市场。首先，BATHK将负责香港市场的生产和销售以及其他市场的生产合同；其次，建立英美烟草中国公司，负责直接出口（即合法出口），与中国烟草专卖局（CNTC）打交道。最重要的安排是在英国设立一个离岸公司，处理“对供应中国和相邻市场的贸易组织的销售”。根据研究报告，该公司最初被称为英美烟草分销公司（BAT Distribution），后被命名为“国际烟草海外有限公司”。这家公司，即负责对中国大陆、台湾和亚洲其他地方的“转移贸易”。文件明确表示，该公司的成立是为了使英美烟草香港公司将转移贸易从官方贸易分离。该公司的活动由英美烟草中国公司全权控制，但股权则由位于某个避税地的英美烟草集团旗下公司拥有。1991 年，因担心这一重组计划会导致税收减少，从而导致“英国国家税务局的检查”，英美烟草修改了计划，将英美烟草分销公司改成为隶属于英美烟草出口公司 BATUKE 的远东销售部门 FESU，与同时成立的英美烟草中国公司一起承担“服务中国和香港出口”的职责，两个机构的分工则并未改变。FESU 成立之初便发挥了重要作用。根据前述文件，1992 年，FESU 运往中国的卷烟达到了 228.89 亿支。1993 年，FESU 被命名为亚太北部（Asia Pacific North），此后又被纳入亚太地区业务部门。

加强供应链控制的另一环，则是新加坡的寄存仓库。研究报告称，为了将英美烟草中国公司和出口业务分离，并且做好香港回归的准备，英美烟草安排将违禁贸易从香港转到新加坡。通过建立寄存仓库可以保证将卷烟更加灵活和及时地供给转移贸易代理商。寄存仓库启用于 1993 年 7 月。研究报告称，该仓库担负了 40% 输往中国的卷烟供应。

在中国烟草专卖制度下，所有的合法外烟的价格和销量都受到严格的限制。但是走私改变了一切。研究报告认为，英美烟草对于销量的扩大乐见其成，同时也试图通过控制走私烟的价格来获取巨额利润，强调避免“过度供应”高级品牌而“破坏其价格和形象的平衡”。研究报告披露的诸多文件，显示了英美烟草的定价策略。一份撰写于 1992 年的报告称：通过中国烟草专卖局销售时，要保证英美烟草的三五牌香烟价格处于高端，并且高于“自由市场”（在研究报告中，即为黑市）。报告还称，采取这一战略，是为了保证在“供应偏大的时候”，三五牌在“自由市场”上亦有良好表现。

走私带来了丰厚利润。报告显示，香港的出口量，已经占了英美烟草1992年的总出口量的22%，利润则占了英美烟草当年利润的27%。这份报告更预期，1997年出口量和销售利润的比例将分别达到29%和31%。

根据学者的研究，1993年，鉴于“近年出口业务的巨大成功和对其继续增长的期待”，英美烟草提出深化公司的重组。在1993年11月撰写的《中华人民共和国分销启动计划》中，描述了这样一个双线战略：“只要自由市场销售依然占主导地位，就需要对另一种可采用的非官方进口分销渠道进行检查、评估，如果合适的话，对其最大化。”

作为实现英美烟草全球高档烟草公司的目标，公司还寻求进入中国的其他区域，计划“调查其他可选择的路线或者客户，来改善英国品牌对中国中西部省份的直接渗透”。

面对诸多针对英美烟草参与走私的指控，英美烟草一直坚决予以否认。它们强调走私是由于关税差异和进口限制造成的，英美烟草无法控制其所有供应，阻击走私，只有政府才能够有效处理这个问题。高关税造成走私，不仅是英美烟草强调“走私与我无关”的重要理由，也是其游说政府开放市场的一大利器。英美烟草公司1994年的一份文件显示，FESU部门主管保罗·亚当斯在与中国驻英国大使的谈话中，就以走私为例说明建立合资企业的必要性：“对我们国际品牌的需求，超出了中国烟草专卖局友谊商店和免税商店的供应量，这导致黑市。足够的国内合资企业的供应，会提供给中国原本被走私者夺去的利润。有我们合作，中国得到的比没有我们更多。”比利时抗癌基金会烟控经理卢克·乔森斯说道：“这是谎言。”尽管高关税造成走私的解释看上去合情合理，但是研究显示，包括比利时在内的欧洲许多国家实行低烟草关税，依然走私横行。因为走私绝不仅仅是关税所致，更与犯罪组织能力、海关监管、地区执法等多种因素相关。

根据上述两位博士的研究报告，直到2004年，英美烟草的香烟在中国的走私量依然十分巨大。从1982年到2004年，英美烟草在香港生产或通过香港运输到中国南部的卷烟数量，已经从8.11亿支跃升至1179亿支，远高于中国官方报告的年输入外烟数量。根据美国癌症协会发布的《烟草图示》，2003年，中国输入外烟达257亿支，而英美烟草文件显示当年进入中国的英美烟草品牌香烟为1072.45亿支。

在1991年英美烟草公关部门为其中国部门重组准备的一份问答材料中，英美烟草承认，意识到“全球的某些地方存在走私”；但由于“这通常是关税差异的后果，促进了对我们产品的非法贸易，我们反对这些活动，因为它们对我们的合法销售造成了危害”。但是，面对有关公司提供的销售数据与中国官方公布的合法进口数据之间差异的疑问，回答项则是空白。“这些差异表明，过去20年里，违禁贸易已经成为英美烟草在我国运营策略中的一部分，为其获得了巨额利润。”科林博士说。而凯利·李博士还认为：“英美烟草本身是全球走私问题中的一部分，而不是解决走私问题的合作伙伴。”

全球烟草走私问题专家卢克·乔森斯指出，欧盟和菲利普·莫里斯之间的协议，对于中国政府或有借鉴作用。2004年7月，欧盟委员会、10个欧盟成员国和美国著名烟草制造商菲利普·莫里斯公司，在布鲁塞尔签署了一项解决它们之间法律纠纷的协议。菲利普·莫里斯公司承诺，将在12年内分期支付12.5亿美元，资助欧盟打击走私香烟和假冒香烟。作为回应，欧盟委员会和10个欧盟成员国撤销向美国法院提出的指控该公司故意向欧盟走私香烟以逃避巨额税金的诉讼。“最重要的进步是——如果在市场上发现菲利普·莫里斯品牌的走私烟，不论是什么来源，菲利普·莫里斯都将为此支付巨额关税。”乔森斯说，“这一点有效阻止了菲利普·莫里斯继续纵容走私。”

资料来源：人民网（http：//www. people. com. cn/）。

参考文献

［1］姜成康：《2008～2013 年在全国烟草工作会议上的报告》，东方烟草网。

［2］徐云波、蒋德有：《从“532”、“461”发展目标看卷烟品牌发展演变趋势》，烟草在线，2010 年 11 月 9 日。

［3］阜东：《烟草工业联合重组纵览》，《湖南烟草》2006 年第 1 期。

［4］吴飞飞：《金融危机后中国烟草行业国际竞争力的实证研究》，《山东财政学院学报》2012 年第 2 期。

［5］梁櫟、赵洪顺：《我国烟草行业适度竞争的特征及实现路径》，《湖南大学学报（社会科学版）》2011 年第 1 期。

［6］何昌福：《中国烟草行业的规制与竞争》，《经济界》2003 年第 5 期。

［7］管乃生：《在垄断中引入竞争：烟草行业规制改革的路径抉择》，《产业经济研究》2010 年第 5 期。

［8］龙怒：《中外烟草业发展比较研究》，《产业经济研究》2004 年第 2 期。

［9］李穗明、朱立：《中国烟草产业整合的市场绩效分析：1998～2007》，《管理世界》2009 年第 7 期。

［10］王慧英：《专卖制度下我国烟草产业的改革与发展》，《上海经济研究》2009 年第 4 期。

［11］田蔚：《自主创新；烟草行业可持续发展的前提》，《河北省社会主义学院学报》2009 年第 1 期。

［12］金碚：《经济全球化背景下的中国工业》，《中国工业经济》2001

年第 5 期。
[13] 唐亮、王井双：《中国烟草行业国际竞争力研究》，《世界农业》2011 年第 12 期。
[14] 顾建国：《中国烟草工业企业竞争力实证研究》，《财经论丛》2008 年第 1 期。
[15] 吴健安：《中国烟草行业为何“大而不强”》，《云南大学学报》2000 年第 2 期。
[16] 成思危：《只有坚持改革开放才能确保产业安全》，《中国流通经济》2008 年第 1 期。
[17] 景玉琴、高洪力、高艳华：《创造有利于产业安全的制度环境》，《理论前沿》2004 年第 24 期。
[18] 何爱民：《保障产业安全让中国烟草健康发展》，《人民政协报》2012 年 4 月 4 日。
[19] 樊辉：《入世后我国产业安全问题探析》，中央财经大学硕士学位论文，2004。
[20] 李保江：《为什么烟草企业重组会加速》，《经济学消息报》2004 年 9 月 10 日。
[21] 李保江：《国家烟草专卖制度必然取消吗》，《经济学消息报》2005 年 8 月 26 日。
[22] 罗美娟：《政府管制对中国烟草企业行为与市场结构的影响分析》，《思想战线》2004 年第 6 期。
[23] 汪世贵、李保江：《烟草行业“强者趋弱”的制度性梗阻》，《中国工业经济》2002 年第 4 期。
[24] 陈通、张永开、王伟、陈玉保：《政府规制视角下的烟草行业改革研究》，《现代管理科学》2009 年第 9 期。
[25] 王树文、张永伟、郭全中：《加快推进中国烟草行业改革研究》，《中国工业经济》2005 年第 2 期。
[26] 管乃生：《在垄断中引入竞争；烟草行业规制改革的路径抉择》，《产业经济研究》2010 年第 5 期。
[27] 李媛：《中国烟草产业市场化改革问题研究》，山西财经大学硕士学位论文，2009。
[28] 陶明：《专卖管制下的中国烟草业》，复旦大学博士学位论文，

2005。

[29] 王健男：《中国烟草行业改革与发展研究》，吉林大学博士学位论文，2011。

[30] 张严柱：《中国烟草行业发展战略选择问题研究》，东北财经大学硕士学位论文，2012。

[31] 刘武：《中国烟草业政府规制研究》，辽宁大学硕士学位论文，2009。

[32] Platt, Gordon. "Ministry Sells Stake In Japan Tobacco". *Global Finance*, 2004 (18): 210-227.

[33] Knight, Edwaard. "CRS Report for Congress: The US Tobacco". *Industry in Domestic and World Markets*, 1998 (9): 305-330.

[34] SCHNORBUS R. *The Tobacco Industry in the United States: Focus on Philip Morris in U. S. A.* NY: Harmard University Press, 1999.

[35] Womah, Jasper. "US Tobacco Production, Consumption, and Export Trends". *USDA Publications*, 2003 (3): 401-423.

B.6

维护中国烟草产业安全的措施建议

摘　要：

为保障和维护中国烟草产业的安全，本报告认为需要从以下几个方面采取应对措施，着实提高中国烟草产业的总体竞争力。一是培育大型跨国烟草企业集团；二是积极实施品牌发展战略，加快主导卷烟品牌培育；三是完善市场机制，构建新型烟草市场体系；四是推行现代企业制度，建立和完善法人治理结构；五是逐步打破并消除财税体制性障碍；六是实施国际化战略，加快“走出去”步伐；七是要继续加大打假打私工作力度，为烟草产业发展创造良好的市场环境。

关键词：

中国烟草产业　产业安全　措施建议　市场环境

一　培育大型跨国烟草企业集团

通过联合、兼并、重组等形式和资产一体化及适度规模经济的原则，在中国组建若干个大型烟草企业集团，每个集团要拥有实力强大的核心企业，核心企业的主要经济指标均居全国同行业先进水

平，各项基础建设良好，科技创新能力强，管理水平高，并至少拥有全国市场知名品牌。在组建大型烟草企业集团方面，以省级企业联合形成4～5个全国性的烟草企业集团是目前比较可取的形式之一。其理由为：①省级联合有利于形成区块经济形式，能够更好地满足战略目标的要求，并具有相当强的实力与竞争力；②省级联合形成的区块经济以现有企业经济力量为基础，要按照现代企业制度的方式组建，具有牢固的基础和规范的程序，其成功概率大；③省级联合形成的区块经济供产销紧密相连，有利于充分发挥市场经济的优势，并实现权责利的统一；④省级联合形成的区块经济不涉及全局，成可进，败可退，风险相对较小，并具有较强的可操作性。

通过省级联合组建形成的烟草企业集团之间既要实现合作，又要相互竞争。要以市场为导向，以科技创新和技术进步为支撑，通过实现规模经济和竞争活力，促进产品结构优化和产业结构的升级，着实增强国际竞争实力。在组建大型企业集团的同时，注重在全国烟草市场占据主导地位，同时涉足国际市场的知名卷烟品牌的培育，以促进国内卷烟集团公司在与跨国卷烟企业的国际市场竞争中进一步发展壮大，力争在今后5～10年内，至少有一个国内烟草企业集团进入世界500强，至少有一个国内卷烟品牌进入世界前几大卷烟品牌行列。

此外，组建形成的烟草企业集团还要积极实行“一业为主、多业经营”的多元化发展战略，将产业链延伸到相关产业、同类产业、战略产业、配套产业等领域，形成烟草领域的“大产业”格局。其中，相关产业是为烟草产业提供宣传、服务、配套的产业，如广告、环保、健康、社会公益等产业；同类产业即烟酒糖茶、粮油食品、饮料饮品、菜果、肉食、餐饮、水产，并对其他战略产业（如金融、石油、电信）进行参、控股等；配套产业如油墨、包装、印刷、纸业。通过产业链的延伸，塑造全球烟草产业的“战略平台”，从而形成多元化、社会化、全球化的大型烟草产业集团。

二 积极实施品牌发展战略，加快主导卷烟品牌培育

要应对国际竞争，品牌是关键。中国烟草行业的发展目标就是要形成一个或几个全国性的大烟草集团公司，以与世界跨国烟草巨头相抗衡。因此，在未来几年内，实施“532”“461”品牌发展战略，在全国范围内培育出十多个知名品牌是烟草行业进一步发展的要求和提高中国烟草整体竞争力的必然选择。

（一）明确品牌定位，制定品牌发展中长期规划

品牌定位是品牌培育的基础和方向标，它将直接引领品牌培育指向目标市场，决定品牌培育成败的结果。从目前来看，国内烟草品牌可以分为三类。一是传统大集团所生产的品牌，如上海中华，云南玉溪、云烟、红塔山、红河，湖南芙蓉王、白沙等，这些大集团的品牌应定位于向“532”“461”的战略目标发展；二是具有一定竞争优势工业集团所生产的品牌，如湖北黄鹤楼、红金龙，浙江利群，广东双喜等，这类卷烟品牌要在保持适度竞争的基础上争取后来者居上；三是品牌输入企业，主要指河北、江西、陕西、黑龙江等工业集团生产的品牌，对于这些品牌则不要求其发展成为“532”“461”的目标品牌，鼓励其集中开展品牌联营加工。同时，基于品牌定位，要制订烟草行业品牌发展中长期规划，进一步明确品牌发展和培育的重点和目标。根据“烟草行业‘卷烟上水平’总体规划”及《国

家局关于加快培育全国性重点骨干品牌指导意见》的要求，坚持以市场需求为导向，以保牌稳价为目标，培育全国知名卷烟品牌。推进加强工商合作和市场布局的进一步优化调整，努力形成供应稳定、市场稳定、效益稳定的市场格局，不断提高卷烟品牌的培育水平。

（二）加强科技创新，努力提高重点品牌的质量水平

品牌发展要建立在技术创新的基础上，卷烟品牌要保持持续健康增长，科技创新是关键。通过科技创新不断增强卷烟产品的科技含量，提高卷烟产品的质量水平，并通过丰富品牌内涵、完善品牌服务来稳定目标市场，提高客户忠诚度。①重视低焦低害产品的研发。低焦低害产品是未来卷烟产品发展的方向，为适应卷烟未来的发展，必须加强低焦低害产品的研发，有效降低卷烟品牌特别是重点品牌的有害成分，培育一批低焦高档产品品牌，适应未来市场的竞争。②重视加工工艺技术水平的提升。目前，卷烟产品的质量安全越来越成为消费者关注的焦点问题，健康、自然、环保的卷烟产品才是具有较强潜在竞争力的产品。因此，在卷烟生产加工过程中，需要对物质添加进行严格控制，通过提升加工工艺技术水平等方法，开发一批高质量水平的新型卷烟产品。③促进造纸法再造烟叶升级。加快重大专项的实施步伐，推进再造烟叶技术研究，促进改造工艺装备和提升质量水平，为高档卷烟产品的发展提供技术和原料保障。④重视关键技术研发取得重大突破。要加强在基础应用研究和共性技术研究等方面的投入，引导创新要素向企业集聚，加快推进科技重大专项实施，全面提高技术中心整体水平，在新工艺、新材料、新技术研发应用方面实现重大突破。

（三）进一步推进工商协同营销和精准营销

在品牌培育过程中，卷烟工商企业要紧紧围绕“准确定位、有机对接、突出品牌、全面提升”的总体要求，进一步推进工商协同营销和精准营销。工商协同营销是品牌培育的基础和支撑，而精准营销又可为品牌培育指明方向。在推进工商协同营销方面，要明确工商双方在协同营销体系中的角色划分和战略定位，坚持面向市场、面向终端、面向消费者，以品牌培育为出发点，在分工明确的基础上进行有效合作；把品牌培育作为工商协同营销的根本出发点和落脚点，紧抓重点品牌培育，营造公平竞争的市场环境，精心组织营销策划，积极做好品牌宣传，努力维护品牌市场；围绕行业发展的战略目标，以全面提升工商双方的营销能力和管理水平为目标，着力提高工商双方的市场意识，提升研究市场、把握市场、服务市场和调控市场的能力。通过工商协同营销体系的建立把工商双方统一到以市场为导向、以品牌为核心、以共同发展为目标、以提高中国烟草总体竞争实力为核心任务的发展方向上来。值得一提的是，工商协同营销目前正逐步向供应商、批发商、零售商的一体化协调互动模式发展，通过把作为“合作伙伴”的零售客户纳入卷烟营销体系，使零售客户成为卷烟营销网络的可靠终端基础，从而塑造工业、商业、零售户“三位一体”的品牌培育体系。在实施精准营销方面，要按照“精确信息、精准投放、精细管理”的总体要求，在充分进行市场调研的基础上精准掌握市场信息，准确进行市场定位和市场细分，确实掌握不同目标客户群体对卷烟产品和营销服务的需求特征及其变化趋势；在市场细分的基础上，有针对性地开展品牌培育，实施精准投放。同时，完善品牌培育管理体系，构建一套涵盖品牌引入、宣传促销、市场监控、品牌评估、品

牌退出等一系列内容的品牌培育机制，健全和完善卷烟品牌管理流程，规范操作方法，使品牌培育走上科学化、规范化、精细化、系统化的道路。

（四）注重品牌文化建设，着力提升品牌影响力

“原料”和“技术”也许可以复制，但“文化”却无法复制。品牌文化往往是品牌竞争力的重要体现，基于文化塑造出的独特、鲜明和具有感染力的品牌形象往往是行业重点品牌培育的重要途径。在品牌培育过程中，要注意品牌文化建设，通过挖掘品牌历史和丰富品牌内涵，展示不同品牌所特有的魅力；同时，通过对品牌未来发展方向的把握和展示，增强品牌文化的时代感、鲜活感和影响力。

（五）加强人才建设，打造专业品牌培育团队

在品牌发展战略的实施过程中，专业品牌培育团队的塑造处于关键地位。卷烟工商企业要敢于改革，采取超常规方式引进和培养人才，通过建立品牌培育部门，增加品牌培育相关岗位设置，加大力度培训品牌培育人员，打造专业品牌培育团队。通过制订品牌发展策略和维护方案，对各类品牌的发展进行全程检测、梯次推进，构建品牌评价体系，完善品牌推广、维护和进入、退出机制，使卷烟人才队伍在品牌培育实践过程中完善技能，提升水平，最终打造出专业能力强、综合素质高的品牌培育团队。

专栏1：中国卷烟品牌的历史演变

◆ 13种全国名优卷烟：1988年确定的13种全国名优卷烟包括云烟、红塔山、阿诗玛、红山茶、茶花、大重九、玉溪、恭贺新禧、石林、中华、牡丹、红双喜、人参。

◆ 36 种全国名优卷烟：根据《全国名优卷烟品牌评定办法》，2001 年评选出来的 36 种全国烟草行业名优卷烟品牌包括中华、红塔山、玉溪、大红鹰、恭贺新禧、红河、一品梅、五一、利群、红梅、牡丹、红双喜、石林、芙蓉王、金圣、福、白沙、娇子、红金龙、南京、阿诗玛、云烟、迎客松、红山茶、红杉树、七匹狼、黄果树、红旗渠、黄山、石狮、天下秀、中南海、羊城、将军、猴王、金芒果。

◆ 百牌号：2004 年，国家烟草专卖局制定《卷烟产品百牌号目录》，决定在烟草行业内实施卷烟产品百牌号战略，即用 2~3 年的时间，将全行业卷烟产品生产和销售牌号（四、五类除外）压缩到 100 个左右。

◆ "20+10" 全国重点骨干卷烟品牌：2008 年，国家烟草专卖局提出了确立全国性重点骨干品牌的品牌培育思路。同年 7 月，《全国性卷烟重点骨干品牌评价体系》出台，在百牌号的基础上评选出中华、云烟、芙蓉王、玉溪、白沙、红塔山、苏烟、利群、红河、黄鹤楼、七匹狼、黄山、南京、双喜、红双喜、红梅、娇子、黄果树、真龙、帝豪 20 个全国重点骨干品牌。同时为进一步支持混合型卷烟的发展，又将泰山、钻石、金圣、好猫、兰州、长白山、中南海、都宝、金桥、贵烟 10 个品牌视同前 20 名全国性卷烟重点骨干品牌进行考核。

◆ "532" "461" 品牌发展战略：即争取用五年或更长一段时间，着力培育 2 个年产量在 500 万箱、3 个 300 万箱、5 个 200 万箱以上的品牌；培育 12 个销售收入超过 400 亿元的品牌，其中 6 个超过 600 亿元、1 个超过 1000 亿元。

资料来源：历年《中国烟草年鉴》。

三　逐步打破并消除财税体制性障碍

在中国现行的分税制和税收返还制度下，地方政府具有较强的动力保护本地卷烟工业企业的生存和发展，容易造成地方保护和市场封锁现象，并对烟草产业全国统一市场的形成、企业结构调整、品牌整合、资源优化配置等诸多方面带来巨大阻力。为克服现行税收体制对烟草产业发展的不利影响，促进烟草产业总体竞争力的提升和健康发展，必须改革现有财税体制，打破并消除财税体制性障碍。改革的方向可以向国外学习。比如在欧盟，国家实行的是卷烟消费税全部划归中央，不与地方财政基数有任何联系；在美国、加拿大，对卷烟消费税实行明确的分税制，确定清楚的分成比例，中央政府对卷烟生产行为征税，地方政府对卷烟销售行为征税，权责明确，税收合理，从而同时调动了中央和地方两级政府的积极性。当然，在中国现行的财政体制下以及由于烟草产业的特殊性，中国财税体制改革不可能一步到位，而是需要一个渐进的改革过程。改革方式之一是在不影响国家税收稳定增长的前提下，将税收政策调整与财政分配制度改革配套进行，而不是单纯地调整税率。比如在中央承认地方财政原有返还基数的基础上，改变目前卷烟消费税与财政基数挂钩的办法，将卷烟消费税、烟草特产税及其他相关附加税统一起来，逐步形成中央政府对卷烟生产环节征税，地方政府只对卷烟销售环节征税的财政税收体制，逐渐与国际惯例接轨。同时，还可以通过逐步提高卷烟消费税税率的办法，调动地方政府为卷烟流通市场创造良好发展环境并提供更好服务的积极性。改革方式之二是在形成统一税收的前提下，将中央下达地方财政基数中的卷烟统一税收部分分割出来，与地方财政基数脱钩，即将卷烟生产环节的税收全部划归中央。同时为保证地方政府的财政利益，需要对卷烟生产环节的税收进行统一调整，确定明确的中央与地方的分成比例，消除地方财税收入与当地烟草企业的过度关联性。

专栏2：分税制下中国烟草行业的税收体系

根据中国的税收制度，烟草产业的税收体系主要包括消费税、增值税、烟叶特产税、企业所得税等几种。具体来讲：①消费税(1994年以来的调整过程见表1)。卷烟消费税属于中央税，在烟草制品的生产地征收。其具体征税标准为：首先每条卷烟征收0.6元的定额税，然后根据调拨价格征收从价税，其中调拨价在70元/条以上时，卷烟税率为56%，调拨价在70元/条以下时，卷烟税率为36%，同时在生产环节征收消费税的基础上，再在商业批发环节加征5%的从价消费税。②增值税。增值税属于中央与地方的共享税，税率为17%，也在烟草制品的生产地征收。其中，75%归中央，25%归地方。③烟叶特产税。烟叶特产税是中国取消农业税后保留的比较特殊的税种，其对种烟区地方政府的财政收入起到了很大的支撑作用。烟叶特产税由烟草公司在收购环节代扣代缴，税率为20%。④企业所得税。企业所得税由中央与地方按比例共享，中央财政和地方各占50%，税率为33%。⑤城市维护建设税和教育费附加。其中城市维护建设税归地方所有，教育费附加则属于下放地方的非税收入。

中国于1994年实行分税制财政管理体制是指将国家的全部税种在中央和地方政府之间进行划分，以确定中央财政和地方财政收入范围的一种财政管理体制。其实质是根据中央政府和地方政府的事权确定其相应的财权，通过税种的划分形成中央与地方各自的收

表1　1994年以来中国卷烟消费税政策的4次大的调整

<table>
<tr><td rowspan="2">1994年1月1日</td><td>甲类卷烟(780元/箱以上):45%</td><td rowspan="5">出厂价格,原则上按(成本+利润)/(1-消费税税率)核定</td><td rowspan="12">消费税在增值税基础上征收,计税价格不含增值税。2001年增加了一道从量消费税,2009年在商业环节增加了一道消费税</td></tr>
<tr><td>乙类卷烟(780元/箱以下):40%</td></tr>
<tr><td rowspan="3">1998年9月</td><td>甲类卷烟(6410元/箱以上):50%</td></tr>
<tr><td>乙类卷烟(2137～6410元/箱):40%</td></tr>
<tr><td>丙级卷烟(2137元/箱以下):25%</td></tr>
<tr><td rowspan="3">2001年6月1日</td><td>50元/条以上卷烟:45%</td><td rowspan="3">2003年3月起按零售价格/(1+45%)核定</td></tr>
<tr><td>50元/条以下卷烟:30%</td></tr>
<tr><td>所有卷烟定额税0.6元/条</td></tr>
<tr><td rowspan="4">2009年5月1日</td><td>70元/条以上卷烟:56%</td><td rowspan="4">工业调拨价格、商业批发价格</td></tr>
<tr><td>70元/条以下卷烟:36%</td></tr>
<tr><td>商业批发环节:5%</td></tr>
<tr><td>所有卷烟定额税0.6元/条</td></tr>
</table>

资料来源：李保江：《中国烟草重税政策对增加政府收入和减少烟草消费的影响》，《中国烟草学报》2010年第5期。

入体系。同时，为了保持地方政府既得利益格局，逐步达到改革的目标，中央财政对地方税收返还数额以1993年为基期年核定。按照1993年地方实际收入以及税制改革和中央与地方收入划分情况，核定1993年中央从地方净上划的收入数额（即消费税+75%的增值税-中央下划收入）。1993年，中央净上划收入全额返还地方，保证现有地方既有财力，并以此作为以后中央对地方税收返还基数。1994年以后，税收返还额在1993年基数上逐年递增，递增率按全国增值税和消费税的平均增长率的1∶0.3确定，即上述两税全国平均每增长1%，中央财政对地方的税收返还增长0.3%。如若1994年以后中央净上划收入达不到1993年基数，则相应扣减税收返还数额。在分税制财政体制下，烟草税收对地方财政收入将会产生非常重要的影响。第一，消费税。由于中央政府对地方政府超过两税基数的部分按照1∶0.3返还，因此，尽管消费税在名义上属于中央税，但它也在很大程度上决定了地方政府税收返还增量的多少。可以说，消费税是对地方财政收入影响最大的一个税种。第二，增值税。虽然烟草增值税只有25%属于地方政府，然而由于烟草为高价重税产品，其创造的增值税相当大，因此25%的增值税税收收入在地方政府财政总收入中也占有相当大的比重。而且由于烟草增值税也属于两税基数之一，其对地方政府税收返还基数和增量的大小也具有重要影响。第三，烟叶特产税。烟叶特产税为地方税种。在我国取消农业税之前，烟叶特产税在地方政府财政收入中所起作用并不突出，然而，在我国取消农业税之后，烟叶特产税成为烟叶种植区地方政府最为可靠的收入来源和支撑，烟叶特产税对于烟叶种植区地方政府的财政收入就具有了非常重要的意义。第四，企业所得税。企业所得税由中央和地方各按照50%的比例共享。由于烟草产业目前仍属于政企不分的垄断行业，其创造的利润在历年国民经济各行业中均名列前茅，因此，归地方政府所有的企业所得税部分与地方财政收入之间也具有十分密切的联系。第五，城市维护建设税和教育费附加。城市维护建设税和教育费附加属于地方所得，它以实际缴纳的消费税、增值税和营业税三项税额之和为计税依据。由于烟草产业每年缴纳的消费税和增值税数额巨大，因此，其上缴的城市维护建设税和教育费附加数额自然也不会少。

综上所述，由于在现行烟草税收体系下，无论是对中央还是对地方，烟草产业上缴的税种多，除增值税、企业所得税等普通税种外，还包括消费税、烟叶特产税等特殊税种；适用的税率高，对烟草产业征收的税率是所有应税税种中最高的；再加上烟草产业的垄断属性使其每年均能创造出巨额利润。因此，烟草产业税收无论是在中央财政收入中，还是在地方财政收入中，都占据着十分重要的地位。

四 完善市场机制，构建新型烟草市场体系

在坚持专卖制度的框架内，继续推行烟草产业市场化改革取向，不断完善市场机制，以构建全国统一开放的市场体系为目标，加快建立竞争有序的新型烟草市场体系。坚决打破区域封锁和市场分割，为烟草工业企业提供一个公平竞争的环境；加快卷烟流通体制改革，坚持以“一流的服务、一流的手段、一流的管理、一流的素质”四个一流为目标，以“四同”① 为核心，建设国际一流的现代卷烟流通体系；进一步推进按订单组织货源工作，使卷烟产品更加适合市场需要；推进工商协同营销工作，明确工商双方在协同营销体系中的角色划分和战略定位，在分工明确的基础上进行有效合作，坚持面向市场、面向终端、面向消费者。通过构建工商协同营销体系把工商双方统一到以市场为导向、以品牌为核心、以共同发展为目标、以提高中国烟草总体竞争实力为核心任务的发展方向上；推行精准营销，按照“精确信息、精准投放、精细管理”的总体要求，在充分进行市场调研的基础上精准掌握市场信息，准确进行市场定位和市场细分，确实掌握不同目标客户群体对卷烟产品和营销服务的需求特征及其变化趋势；重视零售终端建设，由注重对零售终端的管理向服务零售终端转变，从传统的垄断性商品和服务为主，向统一的品牌形象、规范的经营行为、标准的管理要求和创新性的服务手段为主转变，提高零售终端传播品牌文化、品牌价值和引导消费的作用，提高终端培育品牌的能力；完善工商信息共

① “四同”——发展同向，形成战略共同体；工作同心，形成目标共同体；服务同步，形成营销共同体；利益同体，形成价值共同体。

享，及时向企业提供准确市场信息，提高工商企业对市场的把握能力，并逐步实现在销售预测、商业需求计划以及工业生产计划等层次上的多维度协同；加强现代物流建设，根据“现代、经济、适用、效率”的物流建设方针，贯彻落实“科技物流、精益物流、人本物流”的建设任务，始终把烟草物流作为行业的核心业务，不断提高物流信息化和物联网建设水平，全力打造具有国际一流水平的中国烟草现代物流；进一步加强烟草市场监管，整顿和规范烟草市场秩序，为烟草企业竞争提供良好的市场环境。

专栏3：关注《关于省级工业公司现代物流建设规划实施工作的意见》

为切实做好物流建设规划和实施工作，充分发挥物流建设规划的引领作用，提高工业企业现代物流建设的质量和水平，国家烟草专卖局印发了《关于省级工业公司现代物流建设规划实施工作的意见》，以提高工业企业的物流建设水平和规划设计水平。

《关于省级工业公司现代物流建设规划实施工作的意见》

1. 指导思想

以科学发展观为指导，认真把握“现代、经济、适用、效率”的行业物流建设基本方针，贯彻落实“科技物流、精益物流、人本物流”的行业物流建设任务，始终把烟草物流作为行业的核心业务，不断提高物流信息化和物联网建设水平，全力打造具有国际一流水平的中国烟草现代物流。要加快推进工业企业物流建设规划的实施，全面建设面向未来不可替代的烟草行业现代物流体系，全力打造具有国际先进水平的中国烟草现代物流，为全面实现“卷烟上水平”战略任务，加快建设更加规范、更富效率的中国烟草提供支撑和保障。

2. 基本原则

服务发展。要服务于“卷烟上水平”的需要，服务于面向未来不可替代的中国烟草现代物流体系建设的需要，服务于工业企业生产经营和长远发展的需要。

统筹兼顾。对仓储资源可以满足企业当前和今后发展需要的，要充分整合和利用好现有资源，避免推倒重来和重复建设；对仓储资源不能满足企业当前和今后发展需要的，要根据实际提出需求，上报建设方案；对依靠租用社会仓储设施满足企业仓储需求的，须逐步自建提高仓储设施自给率。

加快推进。推进物流建设规划是工业企业当前和今后一个时期的一项重要工作任务，以适应企业物流向行业物流、行业物流向供应链物流的转变。

3. 主要任务

推进行业现代物流建设规划实施工作，要做好以下七大任务：

（1）完善物流组织体系。各省级工业公司要设立完备的物流中心，集中负责企业生产经营各环节物流业务的计划、执行、监督和管理控制；要在物流中心内部合理设置各业务岗位，并尽快充实人员；要在所属卷烟厂设立相关机构或岗位，负责物流业务的运行；要探索物流中心实体化运作的具体模式、运行机制和实现路径。

（2）加快物流业务整合。各省级工业公司要将采购、生产、营销等各业务环节中涉及物流的资源和业务整合到物流中心，集中统一管理和运作；要在量化各流程成本、效率的基础上，重新梳理业务流程，持续优化资源配置，发挥集中统一管理的优势，为企业发展奠定坚实基础。

（3）优化物流网络布局。各省级工业公司要科学构建和不断优化企业物流网络布局；物流仓储资源不足的，要按规划要求配齐设施设备，提高自动化水平，探索企业物流“中心库”建设；拟新建的物流设施项目，先由本单位物流中心进行前置性审查论证，再报国家烟草专卖局审查、论证、审批；在项目实施过程中，安全设施与主体工程必须落实“三同时”规定，以确保建设质量和运行效果。

（4）提高物流运行效益。各省级工业公司要开展产供销物流一体化建设，增强企业供应链整体竞争实力；要促进工商物流资源的合理配置与共享，进一步完善工商物流一体化建设机制；加强工商物流建设和物流业务的对接，统筹“两烟”调运，提高物流运行效率和效益；要开展省内纸箱回收利用，探索应用可重复使用电子件烟箱技术，以降低物流成本和资源损耗。

（5）提升物流运行质量。各省级工业公司要加强物流成本核算和费用控制；要指定专人做好物流统计和数据分析工作；要贯彻执行已颁布的国家和行业物流标准；要不断加强物流作业现场管理和绩效考核评价，提高物流运行管理水平。

（6）加强物流新技术应用。各省级工业公司要注意追踪、理性选择国内外物流和物联网先进适用的新技术，尤其要关注电子标签（RFID）和物流工程集成技术；要探索数据采集、信息传递等技术，提高物流信息采集、传递和处理的实时性和准确性；要开发建设上下贯通、左右协同、资源共享的物流管理信息系统，提升物流信息化建设与应用水平。

（7）强化物流队伍建设。各省级工业公司要建立健全物流专业人才建设机制，提升物流队伍的专业素质；要开展烟草物流师岗位技能鉴定工作，提高物流从业人员的技能水平；要以创先争优为抓手，全面推进基层创优和劳动竞赛活动；要加强业务培训，开展学习交流，利用行业内外的优势资源，全面提升物流队伍的整体素质。

4. 工作要求

提高认识，加强领导。各省级工业公司要理解“烟草物流是行业的核心业务”与“打造面向未来不可替代的中国烟草现代物流体系”的实质和内涵，提高对物流工作的认识高度和重视程度；要把推进实施物流建设规划列入重要议事日程，定期召开专门会议研究规划实施的重要事项并抓好工作落实；要加大规划实施的推进力度，落实各项建设保障措施，从工作部署、人财物投入等方面给予大力支持和适度倾斜。

明确分工，协调配合。各省级工业公司物流建设规划的实施，关系到采购、制造、营销、计划、财务、物流等多个部门和所属卷烟厂，涉及原料、卷烟、烟用材料等多个业务领域，参与单位多，工作任务重，各省级工业公司要认真做好工作的统筹谋划，明确各相关部门的职责分工，确保责任落实到位。

周密组织，持续改进。物流建设规划的实施质量和效果是决定现代物流建设成功与否的关键。各省级工业公司要按照物流建设规划确定的目标任务，研究制订详细周密的实施计划，合理控制规划实施的进度和节奏；要加强物流建设规划实施的项目管理和过程控制，逐年逐项明确目标责任制并抓好工作落实；要依据社会经济形势以及各种影响因素的发展变化，重新审视和科学论证建设项目的必要性和可行性；要把物流建设规划实施的进度和质量纳入部门工作考核和个人绩效评价体系，加强对规划实施工作的考核监督。

资料来源：《中国烟草》2013 年第 13 期，第 46 页。

五　推行现代企业制度，建立和完善法人治理结构

中国烟草产业实行的是国家独资、政企合一的专卖专营制度，目前还无法真正做到政企分开、产权明晰，因此不可能推行真正意义上的现代企业制度。然而，为了实现烟草产业的健康发展和烟草企业的总体竞争力，我们要通过体制机制创新，积极创造条件，朝着建立现代企业制度的方向努力。

（一）要实行政企分开，逐步建立现代企业制度

实行政企分开不是要改变现有统一领导、垂直管理、专卖专营的国家烟草专卖制度，而是要求政府尽量少直接干预卷烟企业的生产经营活动，把精力集中在烟草产业行政管理、方针政策制定、执法监督以及打击假冒走私等违法行为上。这并不会使烟草专卖管理的力度减弱，而实际上是意味着烟草专卖管理的加强。同时对烟草企业引入竞争机制，充分发挥市场在烟草资源配置中的基础性作用。烟草企业要想生存和发展，必须牢固树立以客户为中心的经营理念，努力提高经营管理水平和市场竞争能力，向市场要效益。在组建成立的工商企业集团中，按照“产权明晰，权责分明，政企分开，管理科学”的要求，积极创造条件，通过体制机制创新，逐步建立现代企业制度。

（二）实行产权制度改革和股份制改造，建立和完善法人治理结构

烟草产业在实现了政企分开以后，应不失时机地对产业内的主要烟草集团进行产权制度改革和股份制改造，将现有的符合一定条

件的企业集团的母公司改组为国有控股公司，建立符合市场经济要求的经营机制，明确划分股份公司与其发起人母体的资产经营范围、经营业务范围和责任。建立股东会、董事会、监事会和经理班子等分层次的组织结构和权力机构，不同的权力机构各司其职、各负其责，相互补充、相互制约，实现烟草企业经营决策的科学化、民主化和专业化。

（三）改革用人制度

在烟草用人方面，要逐步实行市场化运作。对重点企业的正职可采取行政任命方式，而对于副职以下职位则应普遍采取竞争上岗制度。对于非重点企业和一些经验、技术和管理水平要求较高的职位，可以完全推行市场化招聘。实行全员劳动合同制，并逐步推行岗位技能工资制，按照“效率优先、兼顾公平”的原则，在个人收入方面逐步引入竞争机制和激励机制。

（四）加强绩效管理，建立和完善企业绩效考核体系

企业绩效管理是改善企业经营业绩和提升企业核心竞争力的重要手段。应从烟草产业的发展战略和长期竞争优势出发，加强绩效管理，重视企业核心竞争能力的培养与提高。按照公平、公开、严格、客观、奖惩分明、良好反馈等原则，建立一个包括绩效计划、绩效沟通、绩效测量、绩效评价、员工激励等内容的完善的绩效考评考核体系。

六　实施国际化战略，加快“走出去”步伐

实施国际化战略，加快“走出去”步伐是中国烟草产业实现

从烟草大国到烟草强国转变的迫切要求。目前，中国烟草企业在世界烟草产业链上具备较强的比较优势，在烟草产品研发、多样化以及国内营销网络建设等方面也具备了一定的实力，再加上国外烟草巨头与中国烟草企业合作的迫切愿望，都为中国烟草产业实施国际化战略提供了必要基础。目前，中国烟草产业的国际化战略已经取得了一定的进展，2012 年，烟草全年行业境外卷烟销售达到 612.9 万件，同比增长 20.9%，境外烟叶实体化运作自营片烟 3.8 万吨，同比增长 40%。为继续增强烟草产业总体实力，抢占国际市场，我们需要继续实施国际化战略，进一步加快“走出去”步伐。并在实施国际化战略中，加强以下几个方面的工作。

（一）做好战略规划，制定战略目标

中国烟草产业应从提高国际竞争力以及保持国内烟草产业的健康平稳发展角度出发，积极开拓国际市场，努力为中国烟草发展寻求新的经济增长点。要以全球视野审视自身定位，在客观分析自身的优势、劣势、机会和挑战的基础上，认真做好“走出去”的战略部署，明确目标市场和主攻方向，选取战略基点，完善保障措施。

（二）缔结跨国联盟，充分发挥自身优势

中国烟草产业在开展跨国经营时，要积极寻找相关联的国外烟草企业形成战略联盟，以充分发挥自身优势。缔结战略联盟时可以采取以下两种方式：其一，纵向联合。同处于产业链下游的国外经销商进行广泛联合，构建多条通往国外市场的产品销售渠道。通过与处于产业链下游的各国烟草经销商结盟，编织自己的全球经销网络。其二，横向联合。同竞争对手的国外烟草企业合作，通过利益

交换和价值共享，实现国内烟草企业的国际扩张。可以同互补性强、从长远发展来看对中国烟草企业实施国际化战略更有利的国际烟草企业合作，通过诸如品牌双向许可生产及销售、委托加工及授权经营、共享销售渠道、人员及技术交流等方式达到使中国烟草企业国际化的目的；也可以与一些成长性好的中小型烟草流通企业或者中小型烟草加工企业合作，尝试更高层次的国际化经营以积累国际资本运作经验。

（三）扎实推进实体运作

要把推进境外卷烟生产销售基地建设作为重中之重，集全行业之力，进一步打牢拓展国际市场的根基。境外烟叶实体化运作要推进烟叶合同种植、生产科研、监督加工一体化建设，不断提高境外烟叶公司的影响力，在烟叶生产组织方式、定价机制等方面发挥更大作用。

（四）切实加强风险防范

实施“走出去”战略，进行国际化经营，烟草公司会不可避免地会遇到来自市场、政治、法律、技术、文化等各方面的潜在风险。因此，为有效化解“走出去”所面临的各种潜在风险的冲击，需要从组织、制度和管理等方面建立起一套具有风险预警和危机处理能力的风险防范体系。

（五）切实推进人才队伍建设

为推进中国烟草的“走出去”步伐，必须建设一支熟悉国际竞争规则、精通跨国经营业务的人才队伍。通过广揽跨国经营人才，加强对现有人才队伍的教育培训和对海外派驻人员、对外投资企业聘用人员和烟草进出口系统人员的开发和使用，优化配置现有人才资源。此外，还可以利用国外烟草公司兼并重组时机，积极吸纳具有丰富烟草从业经验的海外人才，以加强跨国人才资源的战略性储备工作。

七　继续加大打假打私工作力度，为卷烟发展创造良好的市场环境

为营造良好的卷烟竞争环境，消除假烟和卷烟走私对国内卷烟的生存和发展所造成的恶劣影响，必须坚定不移地继续加大卷烟打假打私工作力度，切实使卷烟打假打私工作取得实效。现阶段，在卷烟打假工作方面，务必要做到四个坚持。一是坚持综合治理与重点打击相结合。借鉴打假重点地区综合治理的做法，坚持不懈开展专项行动。对转移的制假活动，坚持“露头就打”和源头治理，争取把问题解决在萌芽状态。二是坚持加强市场监管与加大打击售假网络相结合。借鉴加强市场监管的方法，建立烟草市场专卖管理体系监测、控制和预警机制，提高烟草市场日常监管水平；继续抓住侦破大案要案这一关键环节，对利用互联网非法经营烟草专卖品的行为加大打击力度，力争断绝售假网络渠道。三是坚持打击原辅材料非法经营与加强原辅材料管理相结合。加强对烟草生产企业的监督和管理，严格规范废弃专卖品处置管理，力争切断制假原辅材料的供应。四是坚持发挥烟草专卖稽查人员作用与加强同公、检、法、工商等政府部门合作相结合。突出政府部门的主导地位，强化司法协作，推进刑事打击，形成打假合力，建立和完善卷烟打假的联合办案工作机制。此外，还要完善打假信息情报网络，为打假提供强有力的信息支撑；提高打假办案工作人员的综合素质和工作能

力，切实提高卷烟打假工作质量；加大卷烟打假的法制宣传教育，增强卷烟经营者的守法意识和消费者的维权意识；建立卷烟打假激励机制，鼓励更多的社会主体参与到打假实践中去。

专栏4：近年来中国卷烟打假取得的系列成果

2012年：共查处案值5万元以上制售假烟案件4886起，捣毁大型烟机制假窝点231个，查获假冒卷烟25.6万件、烟丝烟叶14896吨，查缴制假烟机530台，查处关闭涉烟非法经营网站374个，其中移交公安机关立案查处互联网案件73起。

2011年：共查处案值5万元以上制售假烟案件4714起，捣毁大型制假窝点290个，破获重大售假网络804个，查获假冒卷烟38.2万件、制假烟丝烟叶1.23万吨，收缴制假烟机806台；依法拘留制假犯罪嫌疑人8801人，其中追究刑事责任5117人。

2010年：共查处案值5万元以上制售假烟案件7448起，打击利用互联网非法经营烟草专卖品案件43起，打掉大型制假窝点294个、重大制售假烟网络713个；查获假烟57.5万件、烟叶烟丝1.81万吨，收缴制假烟机841台；依法拘留犯罪嫌疑人8506人，其中追究刑事责任4832人。

2009年：共查处案值5万元以上案件6014起，打掉大型制假窝点181个，打掉重大制售假烟网络606个，收缴制假烟机398台，查获假烟61.4万件，其中物流运输环节查获假烟32.2万件；关闭非法从事烟草专卖品经营网站57家；依法拘留犯罪嫌疑人7730人，其中追究刑事责任3905人。

2007年：共查处案值5万元以上的制售假冒商标卷烟案件5505起，其中涉案金额千万元以上的制售假烟网络大案49起，查获假烟92.8万件，捣毁制假贩假窝点3876个，查缴大型制假烟机设备717台、烟丝烟叶2.8万吨，依法拘留制假分子7026人，其中判刑3492人、劳教198人。

资料来源：2008~2013年全国烟草工作会议。

对于卷烟走私，由于长期坚持不懈的严厉打击，同时，国产卷烟质量不断提升，品种日益丰富，经营策略越来越适应市场需求，因此卷烟走私大型案件逐年减少，打私任务也相对减轻。然而，在局部地区如广西、云南、广东、贵州等地的卷烟走私行为仍然存在，因此，对卷烟打私问题仍不能掉以轻心。目前打私的主要任务是要着重建立和完善与公安、海关、工商等部门联合打私工作长效机制，构建“政府领导、部门联合、多方参与、密切协作”的卷烟打假打私体系，完善联席会议、联合办案、联合督办、案件移送等工作制度，实现部门间联合打击、整体联动的无缝衔接。此外，还要加强对重点区域卷烟走私的查缉；加强卷烟运输和市场管理以切断卷烟走私销售渠道；加强国际执法合作；提升卷烟防伪标识技术含量；加大宣传，提高公众对于走私卷烟危害性的认识等等，只有坚持从各方面综合治理、多方参与共同打击卷烟走私犯罪行为，才能取得良好效果。

参考文献

［1］廖翼、周发明：《我国烟草及烟草制品的国际竞争力及影响因素分析》，《国际贸易问题》2012年第3期。

［2］吴飞飞：《金融危机后中国烟草行业国际竞争力的实证研究》，《山东财政学院学报》2012年第2期。

[3] 大旗：《我国烟草产业国际竞争力观察》，《中华合作时报》2008年12月3日。

[4] 姜成康：《2008～2013年在全国烟草工作会议上的报告》，东方烟草网。

[5] 罗美娟、袁钦：《财政分权、地方利益与我国烟草产业发展》，《财政研究》2004年第8期。

[6] 徐云波、蒋德有：《从"532"、"461"发展目标看卷烟品牌发展演变趋势》，烟草在线，2010年11月9日。

[7] 李保江：《中国烟草重税政策对增加政府收入和减少烟草消费的影响》，《中国烟草学报》2010年第5期。

[8] 张艳、吴志婷、张颖华：《中国烟草产业自主创新系统的构建》，《上海企业》2009年第12期。

[9] 林洁：《烟草工业企业如何做好品牌培育》，《中国西部科技》2011年第24期。

[10] 李保江：《跨国烟草公司"走出去"战略研究》，《中国烟草学报》2006年第5期。

[11] 阜东：《烟草工业联合重组纵览》，《湖南烟草》2006年第1期。

[12] 李巍、王营：《对提升中国烟草行业国际竞争力的几点思考》，《全国商情（经济理论研究）》2007年第4期。

[13] 蒋云凤：《中国烟草行业现代物流建设现状及问题研究》，《市场营销导刊》2009年第3期。

[14] 梁樑、赵洪顺：《我国烟草行业适度竞争的特征及实现路径》，《湖南大学学报（社会科学版）》2011年第1期。

[15] 何昌福：《中国烟草行业的规制与竞争》，《经济界》2003年第5期。

[16] 管乃生：《在垄断中引入竞争：烟草行业规制改革的路径抉择》，《产业经济研究》2010年第5期。

[17] 龙怒：《中外烟草业发展比较研究》，《产业经济研究》2004年第2期。

[18] 叶克林：《"入世"后我国烟草产业的发展趋势与战略取向》，《产业经济研究》2004年第6期。

[19] 李晓春、孙敬国：《构建我国卷烟品牌培育体系的思考——基于

烟草商业公司运作视角》，《长春理工大学学报》2012 年第 9 期。
[20] 王慧英：《专卖制度下我国烟草产业的改革与发展》，《上海经济研究》2009 年第 4 期。
[21] 郭衡：《加入 WTO 后中国烟草业发展对策研究》，吉林大学博士学位论文，2005。
[22] 田蔚：《自主创新；烟草行业可持续发展的前提》，《河北省社会主义学院学报》，2009 年第 1 期。
[23] 吴林峰：《中国烟草产业竞争力因素浅析》，《时代报告》2012 年第 1 期。
[24] 唐亮、王井双：《中国烟草行业国际竞争力研究》，《世界农业》2011 年第 12 期。
[25] 顾建国：《中国烟草工业企业竞争力实证研究》，《财经论丛》2008 年第 1 期。
[26] 于湉：《论市场经济条件下烟草行业市场化改革的制度构建》，吉林财经大学硕士学位论文，2010。
[27] 李媛：《中国烟草产业市场化改革问题研究》，山西财经大学硕士学位论文，2009。
[28] 吴健安：《中国烟草行业为何“大而不强”，思想战略》，《云南大学学报》2000 年第 2 期。
[29] 樊辉：《人世后我国产业安全问题探析》，中央财经大学博士学位论文，2004。
[30] 李保江：《为什么烟草企业重组会加速》，《经济学消息报》2004 年 9 月 10 日。
[31] 李保江：《国家烟草专卖制度必然取消吗》，《经济学消息报》2005 年 8 月 26 日。
[32] 李保江：《跨国烟草公司组织模式和治理结构分析——兼谈对中国烟草总公司体制改革的启示》，《东方烟草报》2006 年 1 月 24 日。
[33] 李保江：《跨国烟草公司“走出去”战略研究》，《中国烟草学报》2006 年第 5 期。
[34] 罗明录：《我国烟草行业发展趋势和集团化模式研究》，对外经济贸易大学硕士学位论文，2001。

[35] 罗美娟：《政府管制对中国烟草企业行为与市场结构的影响分析》，《思想战线》2004 年第 6 期。

[36] 汪世贵、李保江：《烟草行业“强者趋弱”的制度性梗阻》，《中国工业经济》2002 年第 4 期。

[37] 陈通、张永开、王伟、陈玉保：《政府规制视角下的烟草行业改革研究》，《现代管理科学》2009 年第 9 期。

[38] 王树文、张永伟、郭全中：《加快推进中国烟草行业改革研究》，《中国工业经济》2005 年第 2 期。

[39] 陶明：《专卖管制下的中国烟草业》，复旦大学博士学位论文，2005。

[40] 王健男：《中国烟草行业改革与发展研究》，吉林大学博士学位论文，2011。

[41] 朱俊峰：《中国烟草产业发展研究》，吉林农业大学硕士学位论文，2008。

[42] 刘武：《中国烟草业政府规制研究》，辽宁大学硕士学位论文，2009。

国　际　篇

International Report

B.7

国际烟草产业发展对中国烟草业的启示

摘　要：

对欧盟、美国、日本烟草业发展进行研究发现，这些烟草强国在烟草产业发展过程中存在一些共性，严格把控烟草制品的质量，发展驰名世界的烟草品牌，改革垄断专营的专卖制度，通过征收消费税等经济手段对烟草制品进行管控，更加重视减少烟草制品对人体健康的危害程度。这也给中国烟草业发展提供了很好的经验借鉴，只有高质量的烟草制品才会有市场；只有发展烟草品牌，才能提高品牌知名度，鼓励烟草企业做大做强，走出国门，提高中国烟草业的国际竞争力。

关键词：

国际烟草市场　发展　国际竞争力　启示

世界上种植烟草的国家和地区有120多个，主要的烟叶生产国有中国、美国、巴西、津巴布韦、印度、印度尼西亚等。每年，全世界共生产烟草600万~700万吨，其中，中国和美国两国的产量达到世界总产量的一半。世界上主要的卷烟生产国有中国、美国、苏联、日本、德国、巴西、英国等。其中，中国和美国两国的产量达到世界总产量的42%。烟叶主要进口国（地区）有美国、巴西、希腊、津巴布韦、意大利、苏联、中国香港地区等。卷烟主要出口国为美国、荷兰、保加利亚、德国等。

一　欧盟烟草产业发展

（一）德国烟草产业发展

1. 严格把控烟草制品质量

以欧盟的主要成员国德国为例，德国也是世界上生产卷烟的大国之一。相对其他的卷烟生产国，德国的烟草质量管理有着很大的优势，这也体现了德国人以严谨著称于世的性格特点。也正是对质量管理要求严格，使得德国的烟草业在国际烟草市场上具有一定的竞争力。

早在20多年前，德国烟草就重视对烟草制品质量的把控，以质量求胜。以德国安德烈雪茄烟厂为例，该厂是德国五大雪茄烟生产企业之一。该厂有一个总厂和两个分厂，共有职工1000人左右，产品有雪茄烟9种、小雪茄26种。该厂的产品主要销给欧洲本土市场，原材料采购于巴西、爪哇、泰国、土耳其等15个国家和地区。

安德烈雪茄烟厂的质量管理达到了一个很高的水平，有着完善的质量管理体系，并在质量管理中体现出经济性和系统性的特点。其设计质量管理体系的思路主要是在问题产生的初期就能够发现它，并解决它，绝不能使一点小错误被不断地放大，从而酿成较大的经济损失。因此，该厂把质量管理的重点放在原料加工和卷制环节上，这是在生产环节中较上游的环节，这样就能把加工中的损失降低到最小。

安德烈雪茄烟厂还建立了一套详细的质量统计报表制度，香烟生产的各个环节均有可以量化的质量检验数据。比如原烟等级、烟丝湿度、烟丝规格、包叶合格率、烟支重量、包装合格率等。这些数据由检验员检查并详细记录在案，并按照一定的统计方法处理后上报给高一级的检验员，最后汇总后分别报到部门负责人和有关部门存档。这种质量统计报表制度的特点是精确、效率高、责任明确。这对于调整产量和质量、及时发现质量问题并给予纠正、保持高效和稳定的生产活动有着很重要的意义。

2. 政府提高卷烟税率

近年来，德国政府曾分别于2003年1月、2004年3月、2004年12月、2005年9月、2009年等多次大幅度提高卷烟税率，使得国内卷烟的平均零售价格不断增长。这一措施的影响效果表现在以下三个方面：一是消费者消费数量减少，国内卷烟价格较高，部分消费者消费不起，只能戒烟；二是部分烟民不具备消费卷烟的能力，但无法抗拒烟草制品的诱惑，便开始寻找机制卷烟的替代品，转而消费价格相对便宜的烟丝或者一些烟草制品的半成品，或者转向家庭生产的卷烟替代产品，使得德国机制卷烟消费量大幅度下降；三是烟民消费卷烟数量的减少也导致卷烟生产商、零售商及卷烟消费者的负担加重。德国的官方数据显示①，2005～2006 年税率的提高导致政府的税收收入下降了 7 亿欧元。一些经济学家甚至声称，德国较高的烟草税率可能在整个欧洲地区引发通货膨胀的连锁效应。

德国烟草部门的统计数据表明，烟民在境外所购买的合法卷烟数量已高达 160 亿支，另外还有 70 亿支卷烟为非法烟草制品。自 2009 年德国政府提高卷烟税率之后，国内卷烟制品的平均零售价格已达到每盒 4. 5 欧元，其中的 3. 75 欧元是向政府税收部门上缴的税额。由于德国国内卷烟价格较高，导致一些烟民从境外购买卷烟制品，还有一些烟民则从非法烟草市场上购买假冒或走私卷烟制品，由此导致德国政府每年所遭受的财税损失高达 40 亿欧元。②

3. 严禁在公共场合吸烟写入法律

在德国，立法规定严禁在公共场所吸烟。世界各国控烟经验与成效表明，立法既能够从法律角度给予吸烟人一定的约束，也能够确保公众场合避免他人吸“二手烟”，只有将控烟上升到法律层面，才能够有效地为所有人提供平等保护，使每个人都获得最高健康水平权利、生存权利及健康环境权利。世界上多数发达国家和部分发展中国家已经制定了公共场所控制吸烟法律。同样，在德国，立法规定严禁在公共场所吸烟，也不允许出售给未成年人香烟，若在超市、便利店购买卷烟必须出示身

① 《世界各国烟草税收新动向》，烟草在线网。

② 《德国烟民出境购买卷烟》，福建省烟草专卖局网站。

份证，随便出售给未成年人卷烟，出售者可能要承担刑事责任。

（二）禁烟运动对欧盟烟草业的影响

据欧盟委员会的调查，目前在欧盟的所有成员国当中，有1/3的民众吸烟，其中的年轻人多于中老年人。每年因吸烟患病致死的人达到50万人，其中被动吸烟者达到10%。欧盟在逐步出台法律控制香烟广告。2002年，欧盟出台法律禁止香烟广告出现在广播、互联网、户外广告、出版物及体育比赛上。在此之前，香烟广告仅仅不允许在电视上播放。香烟广告的禁令适用范围得到了进一步的扩大，但是间接广告还不在禁令适用范围之内。2004年，欧盟对烟草的产品包装的外观设计增加了新的约束条件，要求烟盒上的警示香烟危害的内容不得少于烟盒表面积的30%。2011年，欧盟对于香烟的易燃性出台了新的标准：EN 16156《香烟易燃性评估》，该标准于11月份正式开始生效。该标准要求烟草商出厂的商品包含有烟标带，这种烟标带会使没有被真正点燃的香烟能够自动熄灭。为了适应这个标准，烟草商需要改进他们的生产工艺以达到要求。但是从效果上看，新标准是否能够显著地减少因香烟而引起的火灾，至今仍有很大争议。

2012年12月19日，经过多年的准备和商定，欧盟委员会通过《欧盟烟草产品法规修改提案》，从烟草产品的制造、展示和销售方式等各个流程入手，对于控制烟草将实施更加严厉的措施。从烟草产品的制造环节看，在香烟、手卷烟和不燃烧的烟草产品中，禁止添加薄荷等风味香料；从包装环节看，在香烟和手卷烟的包装盒上，必须印上警示性的文字和图片，图片“恐怖”并极具震撼力，这些图片大多是由吸烟导致病变的人体器官，并

且要求警示性的文字和图片在包装盒的两面都要达到3/4的面积。此前欧盟成员国内，只有比利时和爱尔兰对烟草制品外包装的限制性规定比较严格，明确规定了警示图片和警语在烟草制品包装正反面的面积比例。比利时规定，必须分别用48%和63%的面积来印制吸烟有害健康的警示图片及警示语；在爱尔兰，该面积分别为45%和58%。此外，提案还提出，禁止在包装盒上使用“柔和”或“低焦油”等字眼，甚至允许成员国要求销售的烟草采用素包装，即包装盒上不出现品牌标志。目前，欧盟28个成员国（2013年7月1日克罗地亚正式加入欧盟）全部实施禁烟措施，规定在咖啡馆、酒吧和餐馆等封闭公共场所禁止吸烟。

对于烟草业的严厉管制使得许多烟草公司的生意受到影响，涉及烟草业、零售商和代理商等各级利益群体，素包装不贴品牌等标识可能会使走私者和造假者的违法活动更加猖獗，并且素包装不体现烟草公司的标识和商标，可能引起知识产权的纠纷。但总体上，从欧盟委员会健康与消费者保护总司委托TNS Opinion & Social在欧盟27个成员国中展开新的烟草消费调查结果看[①]，欧盟吸烟人数变化不大，参见图1，但国家之间数据差异较大。

专栏1：欧盟国家烟草消费调查

2012年，欧盟委员会健康与消费者保护总司委托TNS Opinion & Social在欧盟27个成员国中展开新的烟草消费调查，来自不同社会群体的26751名受访者参与了调查。这项调查是自2003年以

① 赵军：《欧盟国家烟草消费调查》，东方烟草网，2013年5月15日。

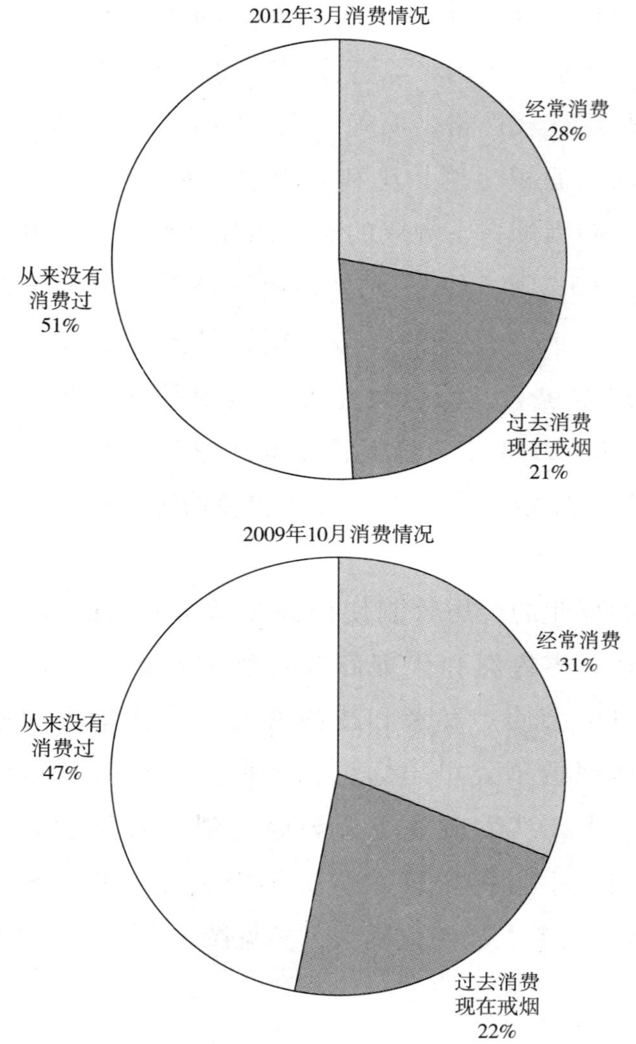

图1　欧盟27国雪茄和斗烟消费情况

来开展的最新的一系列调查。

不久前，TNS Opinion & Social 正式公布了调查结果。

1. 吸烟率的变化

总体而言，欧盟的吸烟率自2009年以来无明显变化。

欧盟各成员国之间的吸烟率有很大的差别，南欧和东欧国家的吸烟率较高，比例较高的是希腊（40%）、保加利亚（36%）和拉脱维亚（36%），其次是葡萄牙（23%）和斯洛伐克（23%），比例最小的是瑞典（13%）。

从吸烟者群体上看，男性比例高于女性，年轻组高于老龄组。体力劳动者、失业者和自营职业者的吸烟率高于其他类别的受访者。失业者在所有受访群体中有着最高的吸烟率49%。此外，在社会地位中自我定位低、经济困难的以及在16~19岁之前已完成全日制教育的受访者也有着较高的吸烟率。

自2009年10月以来，吸烟率的变动一直相对温和。芬兰和捷克的吸烟率分别上升4个和3个百分点。吸烟率下降最快的是爱沙尼亚和匈牙利，均下降6个百分点；其次是法国，下降了5个百分点。

自2006年以来，仅斯洛文尼亚的吸烟率显著增加，上涨5个百分点，而在另外11个国家却有着显著下降。下降最为明显的是意大利和爱沙尼亚，均下降7个百分点；其次是丹麦和英国，均下降6个百分点。

2. 烟草产品消费情况

根据调查结果，受访者多选择盒装卷烟：有93%的吸烟者表示选择盒装卷烟，46%选择手卷烟，24%选择雪茄，13%选择斗烟。其中，80%的吸烟者每天消费盒装卷烟，20%的吸烟者每天消费手卷烟，只有2%的吸烟者表示每天或每周消费后两种烟草产品。

盒装卷烟在下述国家消费比例较高：捷克（99%）、奥地利（98%）、斯洛伐克（98%）、斯洛文尼亚（98%）、保加利亚（98%）、拉脱维亚（98%）和立陶宛（98%），在荷兰（73%）

和英国（78%）则相对较低。

在使用手卷烟上，各成员国之间有很大的差异。荷兰和英国分别有50%、49%的吸烟者表示定期消费手卷烟，而在罗马尼亚和斯洛伐克这个比例低至3%和4%。

荷兰12%的受访者表示经常抽雪茄，而保加利亚、葡萄牙、罗马尼亚和斯洛文尼亚几乎没有人选择雪茄。

丹麦的吸烟者最有可能定期使用斗烟（12%），而匈牙利、希腊和保加利亚几乎没有人选择斗烟。

在所有的社会群体中，盒装卷烟的消费情况类似，而其他烟草产品的消费量略有不同：男性比女性更容易倾向于手卷烟、雪茄或斗烟；年轻的受访者常选择手卷烟，手卷烟在经济困难或社会地位自我定位低的群体中也较普遍；选择斗烟似乎是老龄组的特点，且他们也倾向于选择雪茄。总体而言，经常选择雪茄和斗烟的受访者比例很低，分别为3%和2%。

除了最普遍的烟草产品，16%的受访者表示消费过水烟，7%消费过嚼烟、鼻烟等。但是，大多数的消费者只尝试过一两次此类产品。调查报告显示：从2009年秋季以来，消费其他产品的可能性微增，例如水烟。

水烟年消费率较高的国家是拉脱维亚（42%）、爱沙尼亚（37%）和立陶宛（36%），较低的是爱尔兰（5%）、葡萄牙（5%）、西班牙（8%）和马耳他（8%）、希腊（1%）。2009年以来，水烟消费增长比例较快的是捷克（12%）、奥地利（11%）和卢森堡（11%），下滑比例较大的是瑞典（-5%）。瑞典44%的受访者倾向于消费嚼烟和鼻烟等无烟烟草制品，这与该国生产和消费鼻烟合法有关，这在欧盟法律中是一个例外。嚼烟或是鼻烟的消费比例在一些国家有所上升——奥地利（6%）、瑞典（5%）、卢森堡（5%）和马耳他（5%），在芬兰（-7%）、希腊（-4%）和波兰（-4%）则有所下降。

7%的丹麦受访者表示他们消费过无烟烟草制品或电子烟。基本上没有受访者消费过这些产品的国家有荷兰、立陶宛、葡萄牙、保加利亚、法国、罗马尼亚、德国、希腊和瑞典。受访者中，69%的人听说过电子烟。其中，46%的人表示知道电子烟是什么，而23%的人不清楚电子烟具体是什么。此外，31%的人承认，他们没有听说过这个产品。虽有7%的吸烟者已尝试电子烟，但经常使用这类产品的人不多，大多数受访者只是尝试过。具体来说，丹麦、希腊和罗马尼亚有2%的受访者每天或曾经每天使用电子烟，波兰和罗马尼亚3%的受访者表示偶尔或曾经偶尔使用，保加利亚、拉脱维亚、丹麦、波兰和捷克有大约1/10的受访者表示尝试过一两次电子烟。

总体而言，烟草产品消费率较高的是保加利亚（94%）、拉脱维亚（94%）、罗马尼亚（93%）、立陶宛（91%）、波兰（91%）和奥地利（90%），相对较低的国家有荷兰（58%）、英国（66%）、比利时（67%）和法国（70%）。

3. 影响卷烟选择的因素

根据调查结果，在选择卷烟品牌时，最重要的影响因素是吸味（84%），然后是品牌（69%）和价格（65%）。此外包装（23%）、特殊吸味（32%）以及焦油、尼古丁和一氧化碳量（45%）对于吸烟者来说也是重要因素。

调查过程中，吸烟者认为在选择一个卷烟品牌时，卷烟吸味是最重要的。其中，认为吸味是最重要的国家是希腊（99%），其次是奥地利、捷克和意大利——均为95%，最后是马耳他（69%）、芬兰（72%）。

意大利85%的吸烟者认为特定品牌是一个重要因素，这个比例在斯洛伐克、爱尔兰、捷克和希腊均为82%。在立陶宛，只有36%的吸烟者认为特定品牌是影响卷烟选择的一个重要因素。

在欧盟27个成员国中，超过一半的吸烟者认为价格是重要因素。较为关注价格因素的国家有保加利亚（91%）、希腊（87%）和斯洛伐克（87%），其次是瑞典、丹麦和卢森堡（均为38%），再就是荷兰（32%）。

在很多成员国中，大多数的受访者在选择卷烟品牌时提到焦油、尼古丁和一氧化碳量的重要性。其中，希腊和保加利亚均有84%的受访者认同这一观点，然后是意大利（74%）和立陶宛（73%）。而在卢森堡、丹麦和荷兰，只有大约1/4的受访者认同。

斯洛伐克58%的受访者指出包装是一个重要方面，而在卢森堡、法国、荷兰大约只有1/10的受访者认同。总的来说，包装在消费者选择一个卷烟品牌时是重要的。

在大多数成员国，有相当大比例的吸烟者认为在选择一个卷烟品牌时，特殊的吸味也是一个重要方面。瑞典56%和匈牙利53%的受访者认为特殊吸味如薄荷醇、水果味和甜味等较为重要。而在卢森堡、比利时、希腊和塞浦路斯只有约1/5的受访者认同特殊吸味的重要性。

概括来说，所有社会群体中，大多数人认为烟草吸味重要，只有超过55岁的群体强调这一点稍差；受过较少全日制教育的老年受访者，相对于那些年轻受访者来说更倾向于特定的卷烟品牌；年轻的受访者更关注卷烟价格，价格对于低收入者或失业者也是一个重要因素；白领工作者、自营职业者等较为重视焦油、尼古丁和一氧化碳量；特殊吸味对于女性更重要些；25~39岁年龄段的受访者认为包装是一个重要因素，此类受访者一般是白领工作者。

4. 烟草产品的购买地点

在调查烟草产品的购买地点时，受访者可回答多个。根据调查结果，37%的吸烟者在固定的卷烟零售店购买卷烟，26%通常在报刊亭购买，22%在超市购买，另外有20%在便利店购买，还有少数人在加油站或服务区、自动售货机购买。

成员国通常的购买地点也有很大差别：较多选择报刊亭的国家有塞浦路斯（91%）、希腊（90%）和奥地利（85%），较多选择便利店的国家有保加利亚（72%）、匈牙利（71%）和罗马尼亚（70%），较多选择超市的国家有立陶宛（59%）和荷兰（58%）。在意大利，几乎所有的受访者表示他们通常在固定的地点购买烟草产品。卢森堡56%的受访者提到了把加油站作为固定的购买地点，而在葡萄牙42%的受访者通常使用自动售货机。

社会群体分析表明：购买地点上很少有两性之间的差异，但女性比男性更容易选择在超市购买烟草产品，而男性更容易去加油站购买；年轻受访者相对于40岁以上的受访者来说，不大可能去固定的烟草店购买卷烟；从自动售货机购买烟草产品不是一种普遍的消费行为。

对于跨境消费卷烟，只有约10%的受访者表示：过去的12个月中，他们在居住国之外的国家消费过烟草产品。其中，8%的受访者跨境消费主要在欧盟范围以内。跨境消费比例较高的国家有丹麦（21%）、奥地利（20%）和法国（18%），比例较小的国家有葡萄牙、希腊、西班牙、匈牙利、波兰和意大利，均在3%～4%之间。总的来说，欧盟消费者很少跨境购买烟草产品，跨境消费行为也主要集中在欧盟以内而不是欧盟以外。

价格在跨境消费行为中起着核心的作用。在那些有过境外消费行为的受访者中，60%表示是因为产品价格比他们自己所在国家要便宜，39%的受访者表示是因为自己刚好在国外而又有烟草产品的需求，还有少数人是由于在国内买不到相关品牌卷烟等。

在过去的12个月内，有过境外消费行为的受访者中，59%表示境外消费占每年卷烟消费的比例低于5%，14%表示境外消费比例超过50%，11%指出消费比例在5%～19%之间，8%指出消费比例在20%～50%之间，还有一部分受访者记不清楚消费比例。

二　美国烟草产业发展

（一）以品牌占领市场

美国拥有世界第一香烟品牌万宝路和世界第二香烟品牌云丝顿。其中万宝路品牌驰名于世界，为世界上广大消费者所认知。1992～1997年，万宝路在世界品牌价值榜上曾经取得三年第一、三年第二的好成绩。由于近些年来世界各地禁烟运动的广泛开展，万宝路难以维持原有的辉煌，但一直位于排行榜的前列。在2004年，万宝路在世界品牌价值榜上排名第十位，2010年则排名第七位。万宝路依靠其良好的品牌定位获得了极大的成功。1908年万宝路品牌诞生之时，它将自己的销售目标定位于女性。这是由于当时的美国年轻人被称为“迷茫的一代”，他们认为自己受到了第一次世界大战带来的创伤，想要用享乐来抚平这种创伤，时常沉浸在爵士乐的嘈杂和香烟的烟雾缭绕之中。当时的女性也乐在其中，因此当时女性烟民激增。然而，把目标客户定位为女性并没有为万宝路带来很好的销售业绩，反而是销量一路下滑。经过公司高层的反思，他们认识到男性才是最大的消费群体和最稳定的客户。在公司

将品牌定位转向男性后，加上其成功的营销，万宝路声名鹊起。在营销策略上，万宝路塑造了一个美国牛仔的形象，骑着高头骏马，抽着万宝路，皮肤黝黑、目光深邃、粗犷豪放，深受美国烟民的喜爱。据调查，购买万宝路香烟的烟民并不是执著于万宝路与其他品牌香烟口感上的细微差别，而是着迷于万宝路所带来的男子形象。自从1954年西部牛仔的广告投放市场以后，万宝路香烟的销量节节攀高。1955年，万宝路成为美国十大香烟品牌之一。1968年，万宝路品牌市场占有率升至全美同行业的第二位。1975年，万宝路摘下美国卷烟销量的冠军。20世纪80年代中期，万宝路成为世界卷烟行业的领导品牌。在万宝路走向世界后，公司又针对不同的国家和地区设计了不同的品牌形象。比如在中国香港，美国牛仔的形象不得人心，香港人认为牛仔是下等人。于是公司为万宝路重新设计了农场主的形象，打开了万宝路的销量。在日本，万宝路又摇身一变成为牧童的形象，这也是为当地人所喜爱的，因此其在日本也取得了成功。①

云丝顿也是美国卷烟行业的一个大品牌，它曾经是美国第一大品牌，经过40多年的发展后，它现在已经是仅次于万宝路的世界第二大品牌。云丝顿品牌推出于1954年，是美国最早的过滤嘴香烟之一，也是世界上最早的过滤嘴香烟之一，它在20世纪60年代和70年代的美国极为畅销。云丝顿的品牌拥有者雷诺公司是美国烟草行业“元老中的元老”，创始于1875年美国北卡州的云丝顿小镇，其创始人雷诺先生当年只有25岁。雷诺公司拥有好几个知名品牌，包括骆驼、云丝顿、沙龙，以及特威尔、摩尔和君主，其

① 李洋：《准确的品牌定位——从传播学角度分析万宝路的成功之路》，《新闻世界》2012年第3期。

产品在美国市场的占有率高达1/4，雷诺公司则为美国烟草行业第二大制造商。雷诺公司是纳贝斯克集团公司的全资子公司。在1999年，由于纳贝斯克集团在一桩官司上处于不利地位，不得不放弃其国际烟草业务。雷诺公司的国际烟草业务被日本烟草公司以78亿美元资金所收购。雷诺旗下的骆驼、云丝顿和沙龙从此易主。云丝顿被收购后，成为日本烟草和雷诺公司的共享品牌。从2000年起，云丝顿的销量增长进入快车道，以每年两位数的速度增长，很快成为仅次于万宝路的世界第二大品牌。近年来，美国的烟草行业在下滑，云丝顿在美国的销量占其在世界销售的份额也在减少。2005年，云丝顿在世界总销量为913亿支，其在美国销量为142亿支，占总量的15.6%；2006年，云丝顿总销量为1080亿支，其在美国销量为133亿支，占总量的12.4%。[①]

（二）先进的营销手段促进消费

美国烟草行业如此的成功，可以从烟草商的营销手段上略窥一二。在美国，为了吸引烟民，培养忠诚的消费者，烟草商们使出了各种卓有成效的营销方法，大致可归为以下几类。

1. 直接邮寄

直接邮寄是一种高效营销，它绕过了广告商和中间商，它的前提是烟草商掌握着大量的烟民通信地址和联系方式。通过直接邮寄的方式，烟草商与烟民建立了互动，有利于培养烟民的忠诚感和信任度，也有利于对烟民进行划分归类，从而使用不同的营销手段。在直接邮寄的包裹中，烟草商会附带各种大小不等的物

① 上海烟草学会网站，http://xh.sh-tobacco.com.cn/main/ActionCultureOut/getDetail?id=703。

品和礼品，比如礼品目录、受控发行杂志、奖券、彩票、香烟样品等。

2. 受控杂志的发行宣传

因为美国法律不允许在平面媒体上刊登关于烟草的广告。烟草商们则自己刊印了一些宣传册子，随同香烟一同邮寄给消费者。在册子中，烟草商们会宣传自己的产品，打造自己的品牌形象。

3. 赠送奖券和彩票等

烟草商们通常会在邮寄、零售商店、促销活动中赠送奖券和彩票。奖券实际上是一种折扣活动，是对消费者的一种鼓励。它起到降低价格的作用，是对提高税收和提高价格等禁烟措施的一种反制。对于那些“价格敏感型”的烟民有着较好的作用。彩票给烟民提供赢取现金、奖品和旅行的机会，能抓住一些烟民的心理，可以提升烟草商的形象。

通过以上的营销手段，美国的烟草商们获得了丰厚的利润，并逐渐形成了烟草业利益集团。这个利益集团拥有强大的经济和政治影响力，能够对美国的立法、行政、烟民的生计和民众的社会生活产生巨大影响。烟草业巨头们利用他们手中的金钱、法律和权力，尽可能地阻止不利于烟草业发展的立法和社会运动，确保他们获取财富的渠道不被堵死，确保他们生产的香烟能够顺利地卖到每一位烟民手中。

（三）美国烟草产业的立法

在立法上，烟草商们通过在院外对立法者的游说和捐赠，从而影响美国烟草行业的立法工作。在各种宴请、有偿咨询和慈善捐款中，烟草商们拿出巨资，通过这些办法把手中的金钱换成权力，目的是确保他们所游说的对象在国会中投上如他们所愿的赞成或反对票。据报道，1991～1992年，菲利普·莫瑞斯集团单独向华府的院外活动者赞助了大约125万美元。美国烟草协会总部有75名工作人员，另外还有125名活跃于各州的院外人士，他们每年的花费达到500万～1000万美元。美国公民自由联盟被认为是一个很讲原则的组织，它在1987～1992年接受了烟草公司50万美元的捐款，尽管该组织宣称它们没有受到烟草公司的影响，不过它们却曾经派出代表去国会游说，其目的是反对一项禁止香烟广告的立法工作。

美国的烟草商们还从烟农那里榨取了很多的利益。在1938年以前的美国，烟草的种植没有任何面积和产量的限制，该种什么等级的烟、种多少，全靠烟民自己把握。但是作为个体的烟民无法把握市场的动向，群体的盲目导致烟草的价格大起大落，这使烟民遭受到巨大的经济损失。1639年，由于生产过剩，有一半烟叶被付之一炬；1682年，有100万磅烟叶被烧掉。尽管早在1933年，美国出台法案要求烟农与政府签订种烟合同，并按照合同上规定的规模和产量进行种植。对于不签合同的烟民，则加收25%的销售税。后来因为此项法案与美国宪法相悖而被调整。调整后的法案于1938年被通过，规定美国的烟草种植实行配额管理。①

（四）协会助推美国烟草产业发展

在维护烟草行业的利益方面，美国的烟草协会起了很大的作用。烟草协会在开拓市场、信息收集、技术升级、新产品开发方面，都起到了举足轻重的作用。它的使命是增进消费者对美国卷烟

① 史宏志等：《美国烟草经济政策对我国现代烟草农业建设的启示》，《河北农业科学》2009年第11期。

的了解、鼓励经销商在他们的产品中增加美国香烟、通过对全球市场的信息收集为美国的生产商提供决策支持。烟草协会中有很多烟草专家，他们致力于提高美国烟草的质量。在新产品开发上，协会在开发的各个领域都有擅长的专家。从烟叶的种植、香料的开发、卷烟的设计、外观包装到广告促销等，烟草协会有深厚的研究实力和广泛的国际贸易经验。由于烟草协会本身并不销售香烟，它所研发的产品都会交给烟草商，由烟草商继续维持产品的生产、流通与销售，而这个过程烟草协会不会向烟草商收取费用。烟草协会的经费来源于烟农的捐赠，而且不接受任何第三方的捐款，这样就保持了它的中立、客观的态度。它并不服务于某一个烟草公司，而是从整个行业的角度出发，促进整个行业的发展。烟草协会还拥一支由律师、说客、评论家和科学顾问组成的队伍，其使命就是淡化禁烟运动对烟草行业带来的不利影响。他们会在科学上对吸烟造成的危害重新进行解释，否认吸烟与某些重大疾病之间的关系。在烟草协会 1979 年出版的一个名为《谈谈香烟》的小册子中，一氧化碳被称作一种普通的气体，吸烟向空气排放的一氧化碳所造成的影响可以忽略不计。

（五）“禁烟运动”对美国烟草产业的影响

美国是一个草烟消费的大国，其卷烟消费量在 1981 年达到高峰，为 6400 亿支。随后随着“禁烟运动”的兴起，其卷烟的消费量逐年减少，2003 年则为 4000 亿支。尽管消费量在减少，但是由于卷烟价格的提高和消费税税率的提升，美国烟草行业的市场总额却在逐年提升。美国也是一个烟草生产的大国。1994 年，美国最大的 20 家烟草商卷烟产量为 7255 亿支，占全球总产量的 13. 1%。随后逐年减少，2004 年的产量为 4926 亿支，占全球总产量的

8.5%。尽管其产量在减少，但到目前为止，美国的生产量仅次于中国，是全球第二大卷烟生产国。

美国是世界上倡导“戒烟运动”比较早的国家，虽然各州禁烟的力度和进展情况各不相同，但“禁烟运动”基本都是在20世纪60年代开始的。一方面，美国各州和联邦政府加强对烟草的科学研究，从医学角度更加深入研究烟草的使用会使健康的人体诱发哪些疾病，使吸烟人群认识到吸烟对人体健康的危害，帮助烟民成功有效地戒烟，尤其是使青少年认识到吸烟产生的不良后果，以及防止年轻人养成吸烟的习惯等。另一方面，对烟草的限制性法律在不断地更新。起初法律只规定烟盒上必须标明警示性语言；后来法律明令禁止18岁以下的青少年购买香烟与零售商禁止向18岁以下的青少年出售香烟；逐渐发展到对吸烟者吸烟的时间和地点做出限制，也即禁烟令推行。禁烟令主要是通过大幅提高烟草税推行的。有关统计资料表明，经过几十年的努力，美国的吸烟人数已经有了很大幅度的下降。

奥巴马任美国总统后，不顾前总统布什威胁对国会通过的相关法案实行否决权，坚定信心限制烟草业，加大了对烟草业的监管。两年内就颁布实施了两项对烟草业的重大决议。2009年4月1日，美国政府大幅提高联邦烟草税后，把烟草税从每包39美分提高至1.01美元，其他烟草制品的联邦消费税也全面上涨，且上涨幅度很高，是原来税费的几倍，比如咀嚼类烟草税将从每磅19.5美分上调至50美分。在较高的卷烟税收和反烟活动的影响下，美国卷烟产量和销售量继续下降，并且卷烟产量比国内销量下降的幅度更大。但需要注意的是，很多消费者开始寻找价格较低的烟草制品的替代品，如只需缴纳联邦卷烟税1/10的小雪茄、鼻烟和手卷烟产品等，这对下降的烟草消费来说是一个有力的弥补。

2010 年 6 月 22 日，在顺利通过参众两院表决之后，美国总统奥巴马高调签署了《家庭吸烟预防和烟草控制法》。该法案赋予美国食品和药品管理局在监管烟草产业方面前所未有的权利。根据这一法案，美国食品和药品管理局有权降低烟草制品尼古丁含量，有权禁止将香烟制成糖果口味来吸引年轻人，并有权禁止给烟草制品贴上“低焦油”或“轻度”等误导性标签。烟草公司也被要求用“吸烟有害”等字样覆盖香烟盒上的广告画，并有效减少香烟广告。

据调查显示，美国的吸烟人数比三年前减少了 300 万人。其中，一些青少年和低收入人群的吸烟数量减少很多，主要是因为这些消费者面对较高的烟草产品价格囊中羞涩，因此，卷烟提税在一定程度上阻止了低收入者消费，同时加大对禁烟的宣传力度，公共场所禁烟令；对烟草制品的营销设定了一些限制；同时，随着生活条件的提高，人们对健康的关注度也在不断提高，也对抑制人们吸烟起到了一定的作用。就纽约地区而言，推行禁烟令可以说是卓有成效的。[①] 有数据显示，自 2002 年推行禁烟令以来，9 年间纽约的烟民总数减少了 35 万人，新加入烟民大军的纽约青少年人数持续下降，在禁烟令推行后的 5 年间，中小学生中的烟民比例从 18% 下降到不到 10%。

三　日本烟草产业发展

（一）日本烟草产业制度

日本烟草业专卖的发展是从 1898 年开始的。为了垄断烟草收入，增加国家财政收入，为国家建设积累资金，日本政府于 1898 年颁布《烟叶专卖法》，成立烟草专卖局，对烟叶种植、卷烟生产

① 《美实行禁烟法案　各国警惕其将烟草市场需求转嫁海外》，国际在线网站。

实行完全垄断，政府直接管理烟草业，这一阶段一直持续到1948年。1949年，日本颁布了《日本专卖公社法》，将大藏省的专卖局改为专卖公社，专卖公社在大藏省的管理下对全国的烟叶种植、卷烟生产、产品销售及全行业的人财物实行高度集中统一管理。

此后的几十年，尤其是20世纪六七十年代，日本经济高速发展，此时，烟草业发展也较快。这一阶段，从日本国内情况看，人口增长速度放缓，吸烟导致的健康问题逐渐显现。从国际关系看，日本经济实力的增强，开始提出自主外交，与美国产生离心现象，引起了美国的不满，美国开始从经济上向日本施压，强烈要求开放日本市场，这些都对日本烟草业产生了一定影响。

1985年以后，日本与美国等国家的贸易顺差剧增，引起了这些国家的强烈不满。日本专卖公社依然对烟草制品独家进口，关税较高，美国、欧盟等启动对日本的报复性制裁。迫于美国和欧洲国家的强烈要求和压力，以及国内市场销量饱和的现状，日本开放了国内卷烟市场，改变了原来对国外产品采取的进口限制。专卖制度特别是国会对专卖公社的牵制，不利于日本烟草业参与国际竞争。面对内忧外患的严峻挑战，1985年4月1日，日本政府开始对国内烟草事业进行重大改组。废除了《烟草专卖法》和《日本专卖公社法》，正式施行《烟草事业法》和《烟草产业株式会社法》，日本烟草专卖公社改组为日本烟草产业株式会社。但是，日本取消了烟草专卖并不等于放松了管理。如日本《烟草事业法》规定，日本的卷烟制造业为日本烟草产业株式会社独占等。

（二）日本烟草管理体制改革

1. 取消关税，放松对外烟进口的管控

从1898年开始，日本一直以来实行烟草专卖制度，由日本烟草

公司负责日本烟草产业的种植、生产、供应和销售经营工作，日本烟草公司长期独断经营，制定高额的关税，禁止国外企业在日本经营和销售烟草制品，并严格控制外国烟草制品进口的数量与价格。日本烟草公司对进口的极其少量的外国烟草进行独家销售，日本卷烟市场自给自足，基本处于一种全封闭的运行态势。自20世纪80年代起，迫于欧美国家的压力，日本政府开始逐渐削减关税，放松对外国烟草制品进口的控制。1985年，日本烟草业重大改组之后，取消了烟草专卖制度，开放了烟草商业经营领域，成立了日本烟草股份有限公司，允许外商和本国其他企业自由进入卷烟流通批发领域，外国烟草公司可以直接进入或委托日本国内的代理商在日本国内销售其产品。1987年4月，日本取消全部卷烟进口关税，零关税政策正式实施。各国烟草巨头跃跃欲试，纷纷在日本建立销售公司或寻找日本国内代理商，一时间外国烟草制品如潮水般涌入日本烟草业。但总体上仍然是日烟公司保持了对日产卷烟销售的绝对控制权。

2. 开征烟草消费税，确保国家财政收入

20世纪80年代初，日本政府开始对烟草征收消费税，一方面，可以通过提高烟草税收来增加国家财政收入；另一方面，也是为了促进民众的健康。起初，日本政府规定按从价的45.4%加从量的1132日元/千支计征，20世纪80年代中期改成完全从量计征。从1998年开始，日本香烟多次提高税率。1998年和2003年的增税幅度都是每根香烟提高0.82日元，2006年每根增加0.852日元。2010年一下提高到3.5日元，且主导增税的部门并非之前的财务省，而是换成了厚生劳动省。除了烟草税外，还规定为支援生产烟叶的农户，每根香烟另外提价1.5日元。平均下来，一盒香烟的零售价格增加了110至140日元，日本的“柔和七星”牌香烟也由此进入了每盒400日元（约32元人民币）时代。事实上，与世界上其他发达国家相比，日本的烟草制品相对要便宜很多，比如，日本征收的烟草税为20支装每盒174日元，与之相比，在欧洲和北美征收等同于400日元到500日元的税收。所以，日本政府在烟草税额度上向欧美国家看齐，并认为还有继续涨税空间。但这也给日本烟草商和烟草业沉重打击，日本香烟市场至2008年为止已经连续10年业绩下滑，消费者对价格非常敏感，需求量急剧减少。

3. 保持日烟公司的绝对控制权

日本政府以法律的形式认定日烟公司是唯一合法烟草制造商，根据其市场和卷烟工业情况制定产业政策。日烟公司对烟草品种、种植、收购、加工、卷烟生产与材料品的生产与分配以及相应的进出口业务实行高度垄断，保持了在卷烟生产领域的垄断地位。在日本市场上，对一般烟草进口商、批发商而言，虽然法律上没有规定他们不能经营日产烟，但事实上只能经营一些进口卷烟[①]，也只有经营权而已，日烟公司持续保持着高度垄断的地位。

四　国外烟草产业发展趋势及对中国烟草业的启示

（一）WHO对国际烟草产业产生巨大冲击

自20世纪80年代以来，世界各国都展开了声势浩大的禁烟运动。吸烟的危害得到了广泛的宣传，世界各地居民都能通过各种渠道了解到吸烟的危害。禁烟运动深入人心，成为一项公益事

① 张蕴萍、蒋海岩：《日本烟草管理体制变革及对我国烟草专卖制度改革的启示》，《理论学刊》2005年第9期。

业。相当多的国家都明文规定在公共场所不准吸烟，在公共场所吸烟也成为一件不光彩的事情。而吸烟也不再含有以往的任何正面形象，逐步成为颓废、堕落的代名词。与此同时，各国政府还禁止烟草商对烟草品牌和自身形象作宣传，想出各种方法帮助人们戒烟。

在爱尔兰，按照2004年颁布的一项新法律规定，除了在酒吧、餐饮、俱乐部等公共场所内不准吸烟外，还成立了一个由450人组织的监察小组，负责监督禁令的实施。同时，还成立了举报热线，违反禁令的人，会被处以3000欧元的罚款。这是当时欧洲各国中惩罚金额最大的罚款。

在英国，2002～2004年，有关国家机关联合发起了一场声势浩大的禁烟宣传活动。活动设计人员充分利用了广告的视觉感应效果，比如他们描绘了一副人体动脉血管里滴答着流出黑漆漆的烟油，再比如给凶猛的猛兽上冠以与香烟有关的名字，借以警醒民众了解吸烟的危害。据调查结果表明，这场禁烟运动的效果是显著的，它帮助100万人成功戒烟。

巴西是一个烟叶生产大国，每年出口烟叶价值达9.21亿美元。但是巴西在国内没有放松，在2004年掀起一轮新的禁烟运动。除了在香烟盒上印上文字警告外，还必须在香烟盒的背面印上巴西政府规定的警示图片。这些图片一共9张，每张触目惊心、极具震撼力，能够很大程度地增加人们对香烟的反感。

在禁烟的大背景下，这些国际烟草巨头迎来了经营上的“寒冬”。大多数国家的烟草销售额在下降，迫使烟草商们想出办法应对烟草业的不景气。从烟草业的巨头们最近行动来看，可以总结他们的策略重点都放在了降低成本、提升竞争力上。我们可以从菲莫国际、英美烟草、日本烟草、帝国烟草这四大烟草巨头最近的举动上一窥究竟。

菲莫国际是世界上最大的国际烟草公司，其产品占到世界烟草卷烟份额的27.6%。总部设在美国，产品遍及世界各地。2005年，菲莫国际将公司总部从美国纽约搬到了弗吉尼亚州的里士满，旨在减少运营办公费用。而实际达到的效果远超出起初的想象，每年节省的费用达到8000万美元。为了公司的可持续发展，菲莫国际还在探寻卷烟以外的发展途径。

英美烟草集团成立于1902年，总部设在英国伦敦，是世界上第二大烟草公司，其产品占世界烟草的份额达到21.7%。为了增加公司的竞争力，英美烟草决定退出新加坡这个“友好而有利可图”的市场，尽管这个市场每年能给公司带来很多利润。

日本烟草公司成立于1904年，前身是日本专卖公社，从1949年起，开始享有日本国内烟草业、盐业的专卖权。到目前为止，日本烟草公司是日本唯一的烟草专卖公司，同时也是世界第三大烟草公司，占世界烟草份额的17.4%。为了应对禁烟行动，日本烟草公司对自身进行了大规模的精简，包括总部、工厂、原料采购单位等，旨在提高效率并节约成品。同时，该公司在日本国内还推出系列新品。

帝国烟草公司成立于1901年，它是由当时英国的13家烟草公司合并而成的，之后又陆陆续续地有其他公司加入。目前，帝国烟草公司是世界上第四大烟草公司，占世界烟草份额的9.1%。在禁烟运动的影响下，帝国烟草公司通过减少过剩产能、降低成本、提高效率等方法，实现了利润持续增长。据数据显示，该公司的营业利润增长了7%，而税前利润则增长了10%，这在全球烟草行业整体销售额下降的大背景下是很少见的。

（二）对中国烟草产业发展的启示

中国既是烟草行业的大国，也是烟草行业的弱国。大国指的是我国烟草产量是世界烟草产量的35%，我国卷烟产量占全世界卷烟产量的32%。同时我们有着世界上最大的烟民群体，占世界烟民的25%。弱国指的是我国的烟叶出口量占世界的3.5%，卷烟出口量占世界的1.8%。不仅出口量小，而且出品产品的档次也远远低于国际知名品牌。从我国国内的烟草行业来看，总用“散、乱、差、小”来形容。我国有很多烟草生产企业，但是规模都不够巨大，没有行业巨头。同时，我国烟草企业的管理水平低，生产效率不高，同国际先进水平还有很大的差距。通过以上分析美国、欧盟、日本等地区烟草产业发展的情况，可以总结出以下几点启示。

1. 提高产品质量，满足市场需求

21世纪是质量的世纪，烟草企业要想在竞争中取胜，就需要通过各种方式确保烟草产品的质量水平，不断满足消费者的需求。强调质量是提高烟草制品市场竞争力的重要因素，高质量的烟草才会有市场。为确保烟草产品质量安全、维护国家利益和消费者利益，必须不断加强产品质量控制工作，强化生产过程质量控制。

一方面，要贯彻落实法律法规对质量方面的规定和要求，增强质量意识；另一方面，加快建设烟草产品标准体系，加强全过程质量控制，加大从原料入库、制丝、卷接到产品出库等各个环节的检测力度，及时发现问题，及时整改；同时，要通过技术创新提高烟草产品质量，实现关键技术重点突破，不断提升烟草产品技术含量，加快推进减害降焦工作。

例如，上海卷烟厂为维护“中华”烟声誉，多年来围绕提高产品质量做了大量工作，逐渐养成了“实、深、新、细”的管理风格，形成了“一丝不苟、支支一流；一包一箱，不优不休”的质量方针。在2007年搭建的“工厂文化框架”里，明确把追求“顾客满意、员工满意”，建设一流的卷烟制造工厂作为宗旨，不断改进和提升质量管理工作，追求卓越，不懈努力，使“中华”品牌的声誉长盛不衰。

烟草制品质量直接关系到消费者的利益，关系到国家利益和民族形象。烟草行业必须进一步提高质量意识，总结质量管理经验，推动技术突破，完善质量体系，实现产品质量水平的提升。

2. 发展烟草品牌，提高品牌知名度

我国烟草产业由于受行政干预因素的影响，具有高度计划性和垄断性的特点，这导致消费者对烟草品牌的实际需求量不能真实反映出来，品牌价值也很难在供求中形成。同时，由于高度垄断和计划性，导致烟草企业缺乏市场观念和品牌经营理念，只关注产品竞争，而忽视了品牌竞争。

相比日本烟草、英美烟草、菲莫国际公司、帝国烟草公司等跨国烟草企业都拥有1~2个独树一帜、产量巨大的国际性品牌，我国的卷烟品牌，规格繁多，并且存在严重的不良竞争现象，这种竞争很难形成特点鲜明的大品牌，仍然只是区域品牌，很难面对国际强势品牌的竞争。

我国必须把烟草业品牌建设充分市场化，才能得到高效的品牌发展机制，只有经受住市场考验的品牌，才真正具有竞争力，才能与国际烟草品牌进行竞争。在强化品牌的同时，要注重差异化发展战略，避免烟草产品的同质化发展。品牌的形成，不仅体现在产品的与众不同，以独特的方式吸引消费者，也体现在根据消费者的不断变化的需求开发新产品，满足消费者日益提高的需求与品位，还体现在从产业链条烟叶种植开始，进行引进优选优育新品种等一系列环节的差异化实践上。只有打造品牌特色，树立品牌个性，才能在竞争中立于不败之地。

3. 鼓励烟草企业做大做强，走出国门

（1）烟草企业应该强化国际竞争意识。长期以来，在我国烟草专卖专营垄断制度的保护下，烟草企业国际竞争意识淡薄，国际竞争力弱，将精力过多地放在了国内市场的竞争上，导致内耗式的、不恰当的竞争方式和手段。事实上，这一观念和竞争意识是狭隘的，我国烟草业要想在国际市场占有一席之地，必须是烟草业的整体竞争实力有显著提高，才能在激烈的国际竞争中处于一定的优势地位。而国际竞争优势的增强得益于国内烟草企业的做大做强。所以，烟草企业必须强化国际竞争意识，充分认识当前经济全球化背景下竞争的本质，具有国际竞争视野，而不是仅仅局限于政府的庇佑和国内范围内的内耗式竞争，放宽视野，向世界烟草巨头看齐。

（2）适时对烟草业进行兼并与重组，培养大的企业集团。从2007年开始，世界烟草市场上掀起了兼并重组的浪潮，先是居世界第二位的日本烟草对居世界第五位的加莱赫公司进行收购，接着帝国烟草收购了美国卷烟公司和阿塔迪斯公司。兼并重组以后，日本烟草和帝国烟草在世界四大巨头奥驰亚、英美、日本和帝国烟草中的地位和话语权更加占优势了，有利于获得更大的市场份额。从国内烟草业的并购看，红云、红河两大集团的并购为国内企业率先做了表率，要想在世界范围内的竞争中不被淘汰，必须培养航母级的烟草集团。因此，时机合适时，要对国内烟草企业进行战略调整，加强资源整合，打造实力强大的烟草集团。

（3）要不断完善烟草企业的管理体制和监管制度，从管理层面和操作层面完善烟草企业在国外市场的管理能力和风险防控能力。重视国别间的文化差异，充分了解当地的风土人情和文化特点，更多地引进当地的人才，突破企业跨国发展的文化障碍。

参考文献

[1] 何维达、宋胜洲：《开放市场下的产业安全与政府规制》，江西人民出版社，2003。

[2] 张碧琼：《国际资本扩张与经济安全》，《中国经济导刊》2003 年第 6 期。

[3] 于新东：《中国加入 WTO 后产业保护和产业安全研究及对策》，《学习与探索》2000 年第 2 期。

[4] 王允贵：《WTO 与中国贸易发展战略》，经济管理出版社，2002。

[5] 王瑛：《国际投资自由化对我国产业安全的影响》，《中南财经大学学报》2001 年第 2 期。

[6] 许铭：《中国产业安全问题分析》，复旦大学博士学位论文，2005。

[7] 张立：《经济全球化条件下的中国产业安全问题》，四川大学博士学位论文，2002。

[8] 景玉琴：《产业安全概念探析》，《当代经济研究》2004 年第 3 期。

[9] 李孟刚：《产业安全理论的研究》，北京交通大学博士学位论文，2006。

[10] 李连成、张玉波：《试论 FDI 与中国产业安全》，《经济前沿》2001 年第 12 期。

[11] 吕政：《自主创新与产业安全》，《中国国情国力》2006 年第 8 期。

[12] 祝年贵：《WTO 与中国贸易发展战略》，经济管理出版社，2002。

[13] 肖文韬、王爱民：《经济全球化进程中国家产业安全问题初步研究》，《武汉华工学院学报》2000 年第 4 期。

[14] 孙瑞华：《贸易自由化条件下影响我国产业安全的环境因素分析》，《经济体制改革》2005 年第 6 期。

[15] 周妍：《对外商直接投资外溢效应的实证研究》，《经济问题探索》

2002 年第 6 期。

[16] 包群、赖明勇：《FDI 技术外溢的动态测算及原因解释》，《统计研究》2003 年第 6 期。

[17] 刘海明、祖强：《FDI 经济增长和产业安全；1978～2007》，《常熟理工学院学报（哲学社会科学版)》2008 年第 7 期。

[18] 黄志勇、王玉宝：《FDI 与我国产业安全的辩证分析》，《世界经济研究》2004 年第 6 期。

[19] 赵世洪：《国民产业安全若干理论问题研究》，《中央财经大学学报》1998 年第 5 期。

[20] 吴健安：《中国烟草行业为何“大而不强”》，《云南大学学报》2000 年第 2 期。

[21] 成思危：《只有坚持改革开放才能确保产业安全》，《中国流通经济》2008 年第 1 期。

[22] 景玉琴：《产业安全的根本保障——提升民族资本产业控制力》，《福建论坛》（人文社会科学版）2006 年第 1 期。

[23] 景玉琴、高洪力、高艳华：《创造有利于产业安全的制度环境》，《理论前沿》2004 年第 24 期。

[24] 刘雪斌、颜华保：《基于产业链角度探析我国的产业安全》，《南昌大学学报》（人文社会科学版）2007 年第 11 期。

[25] 徐力行、高伟凯、陈俞红：《国外产业安全防范体系的比较及启示》，《财贸经济》2007 年第 12 期。

附　录

Appendix

B.8

中国烟草产业发展与改革大事记

• 1982 年

1 月 1 日　中国烟草总公司（以下简称总公司）正式成立。

2 月 8 日　国务院发布《关于实行烟草专营后有关财政问题的处理办法的通知》。

2 月 21 日　商业部、全国供销合作总社、轻工业部联合通知，决定将全国烟叶收购、卷烟生产和批发销售业务从 1982 年 3 月 1 日起划归中国烟草总公司管理。

5 月 3 日　国务院批转国家计委等部门《关于对计划外卷烟厂调整意见的报告》，指出对在国家计划之外办的小烟厂认真整顿，大部分要予以关、停、并、转，并做好善后处理工作。对城乡居民手工卷烟要坚决予以取缔。

5 月 18～27 日　首次全国烟草工作会议在合肥召开。

12 月 22 日　财政部发出《关于卷烟和酒的工商税上划后有关财政体制结算办法的通知》，规定从 1983 年起将卷烟、酒两种产品的工商税划为中央财政收入。

• 1983 年

8 月 13 日　国务院批转国家物价局、中国烟草总公司《关于坚决制止卷烟降价竞销的报告的通知》，制止卷烟盲目生产和降价竞销。

9 月 23 日　国务院发布《烟草专卖条例》，自 1983 年 11 月 1 日起执行，并确定设立国家烟草专卖局（以下简称国家局）。

• 1984 年

1 月 6 日　国务院复文同意将轻工业部烟草专卖局改为国家烟草专卖局，与中国烟草总公司一套机构、两块牌子。

8 月 24 日　国务院办公厅转发国家经委《关于中国烟草总公司当前急待解决的几个问题的请示》，明确把烟草公司办成经济实体，实行产供销、人财物、内外贸统一管理和经营，要求各地烟草公司在 1984 年底以前全部上划完毕。关停未列入国家计划的烟厂，从 1985 年 1 月 1 日起烟草行业进出口业务由烟草公司统一经营管理。

9 月 10 日　国家局发布《烟草专卖条例实施细则》，自发布之日起施行。

• 1985 年

12 月 除西藏自治区以外，各省、自治区、直辖市均完成烟草机构的上划工作。

• 1986 年

3 月 4～11 日 全国烟草工作会议在北京召开，会议制定了烟草行业的“七五”计划。

9 月 4 日 华美卷烟有限公司成立，这是中华人民共和国成立后第一家中外合资卷烟企业。1988 年 10 月 28 日正式投产。

• 1988 年

4 月 28 日 国家局发出《烟草专卖许可证暂行管理办法》的通知，实行烟草专卖许可证管理制度。

11 月 30 日 国务院发出《国务院办公厅关于立即关停计划外烟厂的通知》。

• 1991 年

2 月 23～29 日 全国烟草工作会议在北京召开。会议总结了烟草行业“七五”期间取得的成绩，提出“八五”期间工作的基本思路。

6 月 29 日 中华人民共和国第七届全国人民代表大会常务委

员会第二十次会议通过《中华人民共和国烟草专卖法》，于 1992 年 1 月 1 日正式施行。这是中国有史以来第一部烟草法典，标志着中国烟草行业从此走上依法治烟的轨道。

8 月 21 日 国务院批复国家局对计划外烟厂的处理意见，同意计划外烟厂保留 19 家，合并保留 11 家，转产 3 家，关停 17 家。

10 月 16 日 经国务院批准，中国烟草总公司决定全面放开卷烟三级批发和零售价格。

11 月 国务院批准烟草行业出台两项改革政策：一是为解决卷烟工业政策性亏损，调低卷烟产品税率；二是放开卷烟出厂价格和调拨价格。

• 1993 年

1 月 30 日 国务院发出《关于进一步加强烟草专卖管理的通知》。

4 月 29 日 国家局发出《关于印发〈关于组建烟草企业集团的意见（试行）〉的通知》。

11 月 26 日 第一家省级烟草集团——上海烟草集团、上海烟草（集团）公司成立。

• 1994 年

4 月 29 日 中国卷烟批发市场在北京建立，这是中国烟草行业流通体制改革的重要举措。

8 月 国家局在重庆召开卷烟销售工作会议，首次提出建立和完善卷烟销售批发网络、推行送货制的意见。

• 1995 年

3 月 3 日 全国卷烟生产工作会议召开，要求开展降低卷烟焦油含量工作，全面推进实施“降焦计划”。

• 1996 年

1 月 26～30 日 全国烟草工作会议在南昌召开。会议总结了“八五”经验，确定了“九五”发展思路。

• 1997 年

7 月 3 日 国务院总理李鹏签署中华人民共和国国务院第 223 号令，发布《中华人民共和国烟草专卖法实施条例》，自发布之日起施行。

10 月 国家局下发《关于全国城市卷烟销售网络建设工作的意见》，将城市卷烟零售商户纳入烟草行业卷烟销售网络。

• 1998 年

6 月 下发《全国农村卷烟销售网络管理规定》，将农村卷烟零售商户纳入烟草行业卷烟销售网络。

6 月 24 日 国务院办公厅下发《国家烟草专卖局职能配置、内设机构和人员编制规定》。

7 月 27 日 国务院发出《关于调整烟叶和卷烟价格及税收政策的紧急通知》，对烟叶收购继续实行中央管理的政府定价政策，

取消各种形式的价外补贴，提高全国平均收购价，降低烟叶农特税税率，将卷烟消费税改为差别税率。

11 月 24 日　中国工程院行文通知著名烟草专家朱尊权当选为中国工程院院士。

11 月　国务院办公厅下发《关于做好 1998 年烟叶种植和收购工作有关问题的紧急通知》，要求烟草行业自 1998 年起，用三年时间消化烟叶库存 100 万吨，以确保烟草行业的健康发展。

• 1999 年

2 月 5 日　红塔集团长春烟草有限责任公司、玉溪红塔烟草（集团）有限责任公司长春卷烟厂揭牌仪式在长春举行。这是我国烟草行业首例跨省企业兼并。

• 2001 年

1 月 1 日　烟草系统正式启用卷烟准运证网络管理系统。

8 月 1 日　正式启用烟机和烟用物资准运证网络管理系统，实现了全部烟草专卖品准运证的网络化管理。

• 2002 年

6 月 20 日　中共中央委员会任命姜成康为国家烟草专卖局党组书记。

7 月 4 日　国务院任命姜成康为国家烟草专卖局局长。

9 月 5 日　中共中央组织部任命姜成康为中国烟草总公司总经理。

• 2003 年

4 月 3 日　安徽中烟工业公司成立，率先实现工商分开，成立了全行业首家省级中烟公司。

12 月 23 日　最高人民法院、最高人民检察院、公安部、国家局印发《关于办理假冒伪劣烟草制品等刑事案件适用法律问题座谈会纪要》，就卷烟打假刑事司法研究提出了指导性意见，是依法打击生产、销售假冒伪劣烟草制品等刑事犯罪活动的重要依据。

• 2004 年

1 月 1 日　中国取消特种烟草专卖经营企业许可证（零售）。

3 月 23 ~ 25 日　全国烟草行业信息化工作会议在厦门召开。会议提出全力打造“数字烟草”。

11 月 1 日　国家局下发《关于调整兰州卷烟厂等 8 家卷烟工业企业管理体制的通知》，标志着烟草行业工商管理体制分开工作全面完成。

• 2005 年

5 月 13 日　国家局党组印发《关于印发〈中国烟草企业文化建设纲要〉的通知》。2007 年、2009 年，国家局又先后发布了《烟草行业文化架构体系》《烟草行业企业文化评价体系》。

6 月 9 日　河北白沙烟草有限责任公司成立大会在石家庄举行，标志着中国烟草行业第一家以名优品牌合作为纽带进而实现战略重组的探索成功。

10 月 13 日 国家发展和改革委员会、卫生部、外交部、财政部、国家工商总局、国家烟草专卖局在北京人民大会堂举行“中国履行《烟草控制框架公约》启动仪式”。

11 月 18 日 国务院办公厅印发《国务院办公厅转发发展改革委等部门关于进一步理顺烟草行业资产管理体制深化烟草企业改革意见的通知》。

• 2006 年

4 月 30 日 国家局下发《关于印发〈中国卷烟品牌发展纲要〉的通知》，提出在未来 5 年内以“百牌号”为基础，着力培养十多个全国重点骨干品牌。

• 2007 年

2 月 5 日 国家发展和改革委员会发布新的《烟草专卖许可证管理办法》，并于 2007 年 3 月 7 日起正式实施。

9 月 30 日 国家局、总公司印发《关于省级工业公司建立董事会工作的指导意见》。

10 月 24 日 国家局印发《关于发展现代烟草农业的指导意见》。

• 2008 年

3 月 15 日 第十一届全国人民代表大会第一次会议审议并批准了国务院机构改革方案，国家烟草专卖局改由工业和信息化部管理。

5月 国家局、总公司印发《关于卷烟工业跨省联合重组工作的指导意见》。

6月5日 中式卷烟品类构建与创新研讨会在武汉召开，启动中式卷烟品类构建与创新的系统工程。

7月10日 国务院办公厅下发《关于印发国家烟草专卖局主要职责、内设机构和人员编制规定的通知》。

• 2009年

1月1日 中国烟草行业履行《烟草控制框架公约》的要求，全面更换卷烟包装标识，规定卷烟包装标识警语区域所占面积不小于包装总面积的30%。对于2009年1月1日前生产、2009年1月1日后在市场上继续销售的卷烟产品不视作违规卷烟产品。

1月13~15日 2009年全国烟草工作会议在北京召开。姜成康局长代表国家局党组作题为《坚定信心、主动应对、扎实工作，努力保持烟草行业持续健康发展》的工作报告，明确提出要把"烟叶防过热、卷烟上水平、税利保增长"作为主要任务。

5月26日 财政部、国家税务总局联合发出《财政部 国家税务总局关于调整卷烟产品消费税政策的通知》，提高各类卷烟的消费税、从价税税率，另在卷烟批发环节加征一道从价税。此次消费税政策调整后卷烟批发价格不提高，增加税收部分由烟草行业自身消化，不增加消费者负担。

• 2010年

1月19日 国家局召开了2010年全国烟草工作会议，针对中

国烟草行业发展的新形势，国家烟草专卖局提出了“532”“461”两大品牌发展战略，即争取用五年或更长一段的时间，着力培育2个年产量500万箱、3个300万箱、5个200万箱重点骨干品牌，努力形成十多个销售收入超过400亿元的品牌，其中6个400亿元以上、4个600亿元以上、1个1000亿元以上。

• 2011年

1月 根据世界卫生组织《烟草控制框架公约》要求，自2011年1月起，中国在所有室内公共场所、室内工作场所、公共交通工具和其他可能的室外公共场所完全禁止吸烟，中国禁烟迈出实质性一步。

10月24~25日 “2011年中国烟草自主创新高层论坛”在武汉举行，众多烟草巨头参与，确定了“创新”为推动力的新一步烟草行业改革方向。

• 2012年

12月4日 “云烟”300万箱下线活动在昆明隆重举行，“云烟”迈入年产300万箱大品牌阵营，商业批发销售额超过800亿元，成为继“双喜·红双喜”“红塔山”“白沙”之后，第四个突破300万箱的品牌。

12月4日 《中国烟草控制规划（2012~2015年）》正式“出炉”，首次提出将研究制定全国性公共场所禁烟法律规定，并在三年内全面推行公共场所禁烟。

B.9

中国烟草产业“入世”主要承诺

一 WTO若干协议有关中国烟草产业的规定

（一）农业框架协议

世贸组织农业框架协议指的是乌拉圭回合谈判期间所达成的《乌拉圭农业协议》。它包含21条条款和5个附录，其主要内容涉及：①扩大市场准入，维护公平竞争。协议要求取消诸如浮动关税、进口禁令、配额、自愿出口限制以及各类限制性协议等非关税壁垒，削减现有关税水平。②逐步削减对农产品出口的补贴。③进一步规范政府的国内支持措施。

协议把国内支持农业的政策分为两类：一类是可以产生贸易扭曲的，应予以削减的所谓“黄色政策”，这类政策措施有：价格支持，营销货款，面积补贴，牲畜数量补贴，种子、肥料、灌溉等投入补贴等。另一类是不会引起贸易扭曲且对生产者没有影响或仅有最微小的贸易和生产扭曲的，但可免于减让承诺的所谓“绿色政策”。其中包括政府用于农业研究、病虫害控制、特定产品的检验和分级、营销和促销活动、救济自然灾害等的开支，为提高动植物卫生检疫的科学性及合理性的开支。中国的烟草种植作为农业项目之一，在“入世”后显然会受到农业框架协议的约束。

（二）补贴与反补贴协议

对农产品的补贴由《WTO农业框架协议》专门做出规定。

该协议将补贴分为专项性补贴和非专项性补贴两类。出口补贴无论有无特定目标，都属于专项补贴。目前中国烟草业的出口补贴采取两种形式：①出口贴息。在全国范围内对出口的奖励为：每出口1美元奖励3分人民币；另外，各省可按本省的实际情况制定不同的贴息率。②出口退税。针对烟草行业的退税政策是：对出口的卷烟、实行"免征免税，不征不退"的优惠政策；对出口的烤烟，实行"先征后退"的优惠政策，征17%，退13%；对出口的原烟，也实行"先征后退"的优惠政策，先征13%，后退5%。

（三）反倾销协议

反倾销税是进口国反倾销主管部门对倾销产品征收的一种特殊关税。其特殊性体现为正常的海关关税和费用之外的一种附加关税。根据WTO的反倾销守则规定，反倾销税的税额应小于或者等于反倾销幅度或者倾销差额。此外，反规避措施也是针对规避反倾销税的行为采取的一种反倾销措施。如果某一产品已被征收反倾销税，而其生产商或者出口商通过变换原产地、出口方式等手段继续向进口国倾销出口该产品，该行为就是规避反倾销税行为。一旦这种行为被调查核实，进口国可以将反倾销税的征收对象扩展到这种"变换"的产品上。根据中美1999年11月达成的有关中国加入WTO的协议，中国对美国做出诸如关税上的减让、税率降低的一个直接后果，就是国外生产的烟草以及烟草制品，可以以比较低廉的价格进入中国市场。这对于中国烟草企业和烟农来说，无疑会带来许多竞争压力。若国外的烟草生产商出于占领市场份额的需要，采用低价倾销的方式冲击中国的烟草市场，从保护行业发展与维护国内市场公平竞争角度出发，有必要加强对国内国际市场的监控，结合1994年WTO《反倾销守则》与中国《反倾销条例》的有关规定，中国烟草业可以采取相应的应对策略。

（四）贸易技术壁垒协议

贸易技术壁垒指的是进口国以技术为支撑条件，在实施贸易进口管制时，通过建立技术标准、认证制度、卫生检疫制度以及包装、规格和标签标准等措施，提高对进口产品的技术要求，从而达到维护人体健康、国家安全及环境保护等方面的目的。就中国而言，进口的烟草及烟草制品需经中国出入境检验检疫部门检验合格后方可放行。进口卷烟主要根据中国现行的卷烟国家检测标准对物理、化学和主流烟气等指标履行常规检测。目前，中国物理指标检测侧重于外观。化学指标检测除按国家标准执行外，未把成分检测、微量元素检测等内在成分的检测纳入入关检测范围。对卷烟内在品质的检测，除合同规定外，尚未作具体的要求，也未设置任何障碍，尚未纳入入关检测范围，这与许多国家严格考核卷烟内在品质、加强卷烟内在成分检测的要求形成了一定的差距。主流烟气主要检测焦油和烟碱含量，CO因无统一的国际标准，加拿大、欧盟已在着手制定CO量的限制指标，目前未列入强制检测范围，只是按合同中签订的款项执行。另外，对国际烟草界较为关注的转基因、化学农残、放射性物质、重金属含量等项目，中国均未列入入关检测范围。

二　加入WTO中国有关烟草业的承诺

中国“入世”的关税减让承诺是：自“入世”的当日起即应执行一个已减让的税率。以后在此基础上进一步减让。中国“入世”法律文件对烟草及与烟草业相关的产品每年税率的减让比例

做出了详细的规定，许多税目的关税减让分别是3年期、5年期，个别税目是按8年期逐步实施减让的。除关税外，中国政府在加入世界贸易组织的法律文本中还就取消烟草的非关税措施（如许可证、配额）、逐步取消政府对烟草工业的补贴、国有贸易和服务贸易等相关问题在文本的附件中也做了有关承诺。归纳起来主要有以下7项内容。

（一）在烟草制品进口方面

《中美市场准入协议》规定，把“雪茄类”的实施税率由1999年的65%降低到25%，“实施期”为2004年；对于卷烟，由于欧盟的谈判代表在接受了美国的全部谈判成果后，又提出要求中国全面开放烟草批零市场（中国政府没有对此做出承诺，而这对在华已有合资企业的跨国公司形成障碍），最后将美国已同意的卷烟2004年实施25%的关税税率，提前到2003年1月1日实施。

（二）在烟叶、钾肥进口关税及取消非关税措施方面

烟叶进口关税和取消非关税措施方面，要把“未去梗的烤烟”“部分或全部去梗的烤烟”“其他部分或全部去梗的烟草”“均化或再造成烟草”“烟草废料”等产品关税税率（1999年为40%，综合税率为64%）到2004年全部降低到10%，并且要求自加入WTO的当年起取消全部配额。1999年，中国钾肥的进口配额为1830万吨，根据中美协议和WTO关于禁止使用配额数量限制的规则，中国在2002年之前要取消进口钾肥配额数量限制。

（三）在烟草机械方面

1999年，中国进口卷烟机的关税税率为14%，根据中美协议

的规定，从2000年开始到2008年止，要分期降低到5%，并且从2002年开始取消招标限制。在卷烟包装机方面，1999年的关税税率为16%，2002年降低到10%。1999年，卷烟机零件的关税税率为12%，2000~2008年要逐步降低到10%。在烟草检测仪器方面，1999年的关税税率为12%，到2003年为零。

（四）在卷烟滤嘴方面

1999年，中国进口的化学纤维制造的卷烟滤嘴的关税税率为32%，根据中美协议的规定，2000~2008年要逐步降低到12%。中国1999年对醋酸纤维线束的进口配额的数量限制为11.3万吨，今后每年要增长15%，直至全部取消进口数量限制。

（五）在卷烟纸方面

1999年，中国进口的“小本或管装卷烟纸”以及“其他卷烟纸”的关税税率为45%。根据中美协议的规定，2000~2005年要分期降低到7.5%。

（六）在烟草专卖管理方面

美国贸易谈判代表一再要求中国开放卷烟分销体系，允许美国和其他国家的烟草公司到中国设立自己的卷烟销售体系，但国家烟草专卖局和中国贸易谈判代表始终没有同意美国的这一要求。因此，在中美关于中国开放商品批发、建立分销体系的承诺中，都把烟草作为“例外”。中国坚持烟草专卖制度，但承诺从2004年1月1日起，取消“特种烟草专卖零售许可证”，外资烟草商将获得“国民待遇”。过去，卷烟零售商必须持有“烟草专卖零售许可证”，如果零售外烟，同时还要持有“特种烟草专卖零售许可证”。现在卷烟零

售商只要持有普通许可证便可摆卖进口卷烟，全国将有400多万个持有“烟草专卖零售许可证”的零售商户可以卖外烟。“特零证”的取消意味着卷烟零售市场的全面放开。

（七）在仓储、服务、检测、与贸易有关的投资措施等方面

在中美、中欧谈判中没有就烟草方面的上述有关问题做出专门的规定。根据中国政府与WTO有关成员国的谈判协议和WTO规则的要求，加入WTO以后，中国在仓储、服务、检测、与贸易有关的投资措施等方面做出的承诺当然也适用于烟草行业，而且有些承诺对烟草行业和企业的影响还是很大的。比如，在仓储服务方面，中国政府承诺，自加入WTO时就允许设立中外合营公司，但外资比例不能超过49%；2001年1月1日以后，允许外资控股；2003年1月1日以后，允许外商设立独资企业等。

B.10

中国烟草控制规划（2012～2015年）

（由工业和信息化部、卫生部、外交部、财政部、海关总署、国家工商总局、国家质检总局、国家烟草专卖局八部门联合制定，并于2012年12月4日发布）

吸烟导致多种疾病，严重危害公众健康，是我国面临的最突出的公共卫生问题之一。近年来，我国烟草控制工作取得了积极进展，吸烟率出现下降趋势，公众对烟草危害健康的认识有所提高。但是我国吸烟人数多，烟草产量大，烟草危害重，烟草控制工作面临严峻挑战。加强烟草控制任务非常紧迫、意义十分重大。为全面推进我国烟草控制工作，减少烟草危害，保护公众健康，特制定本规划。规划期为2012～2015年。

一 我国烟草控制工作总体情况

我国是世界卫生组织《烟草控制框架公约》（以下简称《公约》）缔约方之一。自2006年1月9日《公约》对我国生效以来，我国烟草控制工作扎实稳步推进，较好地履行了《公约》规定的责任和义务。

（一）成立领导小组，建立履约机制

2007年4月，国务院批准成立了“烟草控制框架公约履约工

作部际协调领导小组”（以下简称领导小组）。目前领导小组由工业和信息化部、卫生部、外交部、财政部、海关总署、国家工商总局、国家质检总局、国家烟草局8个部门组成。工业和信息化部为组长单位，卫生部、外交部为副组长单位。在国务院的正确领导下，领导小组有效协调解决履约工作中的重大问题，及时提出履约相关法律法规调整意见，研究制定烟草控制有关政策，认真评估履约工作进展情况，积极参与《公约》相关议定书谈判和《公约》相关实施准则制定，较好地完成了我国控烟履约工作的阶段性任务。

（二）完善法律法规，健全政策体系

全国人大常委会在批准《公约》时作出声明“在中华人民共和国领域内禁止使用自动售烟机”。《国民经济和社会发展第十二个五年规划纲要》提出“全面推行公共场所禁烟”。卫生部修订《公共场所卫生管理条例实施细则》，作出“室内公共场所禁止吸烟，室外公共场所设置的吸烟区不得位于行人必经的通道上”等规定。国家烟草专卖局、国家质检总局制定了《中华人民共和国境内卷烟包装标识的规定》，对烟草危害健康警语的内容、面积、轮换等作出明确规定。财政部、国家税务总局印发《关于调整烟产品消费税政策的通知》和《关于进口环节消费税有关问题的通知》，较大幅度地提高了国产和进口卷烟消费税。此外，国家有关部门印发了《关于从2011年起全国医疗卫生系统全面禁烟的决定》《关于进一步加强学校控烟工作的意见》《关于严格控制电影、电视剧中吸烟镜头的通知》等，进一步健全完善了我国控烟法律法规和政策体系。

专栏1：我国公共场所禁烟相关法律法规

1. 全国性法律法规《中华人民共和国烟草专卖法》第五条规

定：国家和社会加强吸烟危害健康的宣传教育，禁止或者限制在公共交通工具和公共场所吸烟，劝阻青少年吸烟，禁止中小学生吸烟。《中华人民共和国未成年人保护法》第十一条规定：父母或者其他监护人应当引导未成年人进行有益身心健康的活动，预防和制止未成年人吸烟。第三十七条规定：任何人不得在中小学校、幼儿园、托儿所的教室、寝室、活动室和其他未成年人集中活动的场所吸烟。《公共场所卫生管理条例》第二条将公共场所划分为七大类28项。具体是指：①宾馆、饭馆、旅店、招待所、车马店、咖啡馆、酒吧、茶座；②公共浴室、理发店、美容店；③影剧院、录像厅（室）、游艺厅（室）、舞厅、音乐厅；④体育场（馆）、游泳场（馆）、公园；⑤展览馆、博物馆、美术馆、图书馆；⑥商场（店）、书店；⑦候诊室、候车（机、船）室、公共交通工具。

2. 部门规章和规定《关于在公共交通工具及其等候室禁止吸烟的规定》第三条规定：除特别指定区域外，在下列公共交通工具及其等候室禁止吸烟：各类旅客列车的软卧、硬卧、软座、硬座、旅客餐车车厢内；各类客运轮船的旅客座舱、卧舱及会议室、阅览室等公共场所，长途客运汽车；民航国内、国际航班各等客舱内；地铁、轻轨列车，各类公共汽车、电车（包括有轨电车）、出租汽车，各类客渡轮（船）、游轮（船）、客运索道及缆车；各类车站、港口、机场的旅客等候室、售票厅及会议室、阅览室等公共场所；铁路、交通、民航的卫生主管部门和建设部的城建主管部门根据实际需要，确定的其他禁止吸烟场所。《公共场所卫生管理条例实施细则》第十八条规定：室内公共场所禁止吸烟。公共场所经营者应当设置醒目的禁止吸烟警语和标志。室外公共场所设置的吸烟区不得位于行人必经的通道上。公共场所不得设置自动售烟

机。公共场所经营者应当开展吸烟危害健康的宣传，并配备专（兼）职人员对吸烟者进行劝阻。

3. 2006年以来部分地方性条例和规定《北京市公共场所禁止吸烟范围若干规定》《上海市公共场所控制吸烟条例》《四川省公共场所卫生管理办法》《广州市控制吸烟条例》《杭州市公共场所控制吸烟条例》《银川市公共场所控制吸烟条例》《哈尔滨市防止二手烟草烟雾危害条例》《天津市控制吸烟条例》等。

（三）开展控烟宣传，创建无烟环境

重点针对政府机关、医院、学校开展了创建“无烟单位”活动。结合“世界无烟日”主题发布年度控烟报告，采取多种形式加强吸烟危害健康的宣传工作。组织了全国戒烟大赛，深入开展中国烟草控制大众传播活动，充分调动媒体和社会公众积极参与烟草控制。成功举办了“无烟奥运”“无烟世博”。明确要求卷烟零售户在柜台醒目位置摆放“禁止中小学生吸烟”“不向未成年人售烟”的警示牌，做到不向未成年人出售烟草制品。严格限制烟草广告。

（四）规范烟草生产，打击非法贸易

加大烟草产业结构调整力度，严格控制新增投资，减少卷烟企业和品牌数量，防止盲目生产和过度竞争。认真执行烟草专卖法律法规，烟叶种植和卷烟生产严格执行国家指令性计划，禁止超计划生产。依法加强卷烟价格管理，严格限制“天价烟”上市销售。烟草专卖部门与公安、司法、海关、工商、质检等部门密切配合，建立联合打假打私机制，有效整顿和规范烟草市场秩序。2006～

2010 年，我国共查处案值5 万元以上制售假烟案件3.1 万余起，查获假烟385.4 万件，依法拘留犯罪嫌疑人37024 人，其中追究刑事责任18321 人。

专栏2：我国烟草市场总体情况

1. 我国卷烟市场增速趋缓、非法卷烟得到有效控制。中国是全球最大的烟草市场，烟草制品消费量约占全球总量的1/3。2006～2010 年，中国卷烟销量年均增长3.7%，比菲莫国际、英美烟草、日本烟草、帝国烟草四大跨国烟草公司加权平均增速低0.2 个百分点，总体上呈逐年减缓趋势。同时，我国非法卷烟占国内市场的比重基本控制在4%以内，在全球处于领先水平。

2. 全球卷烟非法贸易非常严重。根据国际防痨和肺部疾病联合会撰写的《取缔全球卷烟非法贸易将增加税收、挽救生命》数据，2009 年，非法卷烟占全球卷烟市场的比重为11.6%，其中低收入国家为16.8%，中等收入国家为11.8%，高收入国家为9.8%。非法卷烟导致政府税收损失至少每年405 亿美元。

二　我国烟草控制面临的形势

近年来，我国坚持从实际出发，认真履行《公约》规定的责任和义务，烟草控制工作取得了积极进展。但是，当前和未来一个时期，我国烟草控制面临的形势依然十分严峻，存在许多亟待解决的矛盾和问题。

（一）吸烟人口数量众多，烟草危害后果严重

我国吸烟者人数众多，吸烟和二手烟暴露十分普遍。目前成年吸烟人数超过3.0亿，男性吸烟率达52.9%，居于世界前列。青少年吸烟状况不容乐观，现有13～18岁青少年吸烟者约1500万，尝试吸烟者超过4000万，青少年吸烟率达11.5%。公共场所、工作场所吸烟现象严重，有7.4亿非吸烟者遭受二手烟暴露，暴露率达72.4%。吸烟和二手烟暴露导致癌症、心血管疾病和呼吸系统疾病等大量发生，每年死于吸烟相关疾病的人数超过100万，吸烟产生的医疗费用不断增加。

专栏3：我国烟草流行情况

1. 成年男性吸烟率较高

我国成年男性吸烟率1996年为63.0%，2002年为57.4%，2010年为52.9%，虽然呈现下降趋势，但目前仍处于高平台期。成年女性吸烟率1996年为3.8%，2002年为2.6%，2010年为2.4%，总体保持较低水平。据推算，目前我国成年吸烟者总数超过3.0亿，其中男性2.9亿，女性0.1亿。

2. 青少年吸烟较为严重

我国13～18岁青少年吸烟率为11.5%，其中男性为18.4%，女性为3.6%。尝试吸烟率为32.4%，其中男性为44.1%，女性为19.9%。据推算，我国13～18岁青少年吸烟者约为1500万，尝试吸烟者超过4000万。

3. 二手烟暴露较为普遍

我国约有7.4亿非吸烟者遭受二手烟暴露，其中成年人5.6亿，青少年1.8亿，二手烟暴露率达72.4%。公共场所是二手烟暴露最为严重的地方，其中餐厅二手烟暴露率达88.5%，政府办公楼二手烟暴露率达58.4%。

4. 戒烟意愿和服务不足

吸烟者中不打算戒烟的比例很高，达44.9%。戒烟率略有上升，戒烟人数增加，但复吸比例高，戒烟成功率较低。目前的戒烟服务能力远远不能满足需要。与国际控烟先进国家相比，戒烟治疗、咨询及药物还没有纳入基本医疗保障体系，专业的戒烟治疗和咨询机构有限，能力不足。

5. 烟草危害后果严重

我国每年有超过100万人死于吸烟相关疾病。据估算，如目前的吸烟状况不改变，预计到2050年，这个数字将突破300万。

（二）宣传教育亟须加强，公众认识有待提高

我国控烟宣传教育覆盖面不够广、针对性不够强，社会公众对烟草危害的认识不足，大多数人未能全面了解吸烟对健康的危害，尤其是对吸烟或二手烟暴露会引起中风、冠心病以及多种恶性肿瘤等严重疾病的知晓率低，相当数量的人尤其是青少年没有充分认识到吸烟的具体危害和致瘾性。此外，“以烟送礼”“以烟待客”现象较为普遍，尚未形成不送烟、不敬烟、不吸烟的社会风气。

专栏4：我国烟草危害认知状况

1. 吸烟引起具体危害的知晓率低

2010年全球成人烟草调查结果显示，目前我国3/4以上被调查人群未能全面了解吸烟对健康的危害，其中对吸烟会引起肺癌的

知晓率为77.5%，引起脑卒中的知晓率为27.2%，引起冠心病的知晓率为27.2%，而同时知晓吸烟会引起中风、冠心病和肺癌三种疾病的比例更低，仅为23.2%。2/3以上的被调查人群不了解二手烟暴露的危害，对二手烟会引起成人冠心病、儿童肺部疾病和成人肺癌的知晓比例分别为27.5%、51.0%和52.6%，而知晓二手烟会引起三种疾病的比例仅为24.6%。

2. 我国控烟宣传教育力度不够

一是覆盖面不够广，社区、学校和农村存在大量薄弱环节；二是针对性不够强，对青少年、妇女等重点人群的宣传教育较少；三是宣传深度不够，对烟草使用的具体危害和致瘾性揭示力度较弱；四是烟草的群体性消费、交际性消费普遍存在，对控烟宣传教育的接受度较低；五是经费和人力投入不足，控烟宣传效果不佳。

3. 卷烟包装健康危害警示作用不强

2010年全球成人烟草调查结果显示，86.7%的吸烟者在卷烟包装上能看到“吸烟有害健康，戒烟可减少对健康的危害”或“吸烟有害健康，尽早戒烟有益健康”的健康警语，但其中63.6%的吸烟者表示不会考虑戒烟。

（三）烟草行业涉及面广，转产替代任务艰巨

烟草税收是我国财政收入的来源之一，在国家财政收入中占有一定比重。2010年，烟草行业缴纳各项税费4988亿元，占全国财政收入总额的比重约为6.0%。同时，全国现有130多万种烟农户、500多万卷烟零售户和50多万烟草工商企业从业人员，与烟草生产经营直接相关的劳动人口超过2000万人，烟草行业在保障就业、增加收入方面具有一定作用。尤其是目前我国80%以上的

烟叶生产和50%以上的卷烟生产均集中在老少边穷地区，这些地区的经济社会发展对烟草行业的依赖度很高，实现烟草转产和发展烟草替代种植需要一个较长的过渡阶段。

专栏5：我国烟草行业总体状况

1. 烟草税收

2010年，烟草行业缴纳各项税费4988亿元，其中：烟叶税76亿元，消费税2811亿元，增值税1023亿元，城市建设维护税、教育费附加、所得税、国有资本收益等其他税费1078亿元。烟草税费约占全国财政收入总额的6.0%。

2. 烟叶种植

2010年，我国共有种烟农户132万户，户均种烟收入25100元。全国烟叶产量4673万担，其中，云南烟叶产量占全国总量的39.9%，贵州占14.8%，四川占8.7%。

3. 卷烟生产

2010年，全国共有30家具有法人资格的卷烟工业企业，卷烟生产点有99个。全国卷烟产量4750万箱，其中，云南卷烟产量占全国总量的16.0%，四川和重庆各占6.0%，贵州占5.0%。

4. 卷烟零售

2010年，我国共有卷烟零售户508万户，户均售烟收入16370元。

（四）基础工作较为薄弱，控烟能力有待增强

现有控烟法律法规较为分散，执法机制尚待完善，还没有公共场所禁止吸烟的全国性法律规定。控烟网络不健全，控烟政策力度不够，控烟措施的针对性、有效性有待提高，整体合力有待加强。

控烟专业队伍较为薄弱，控烟投入明显不足，预防吸烟和促进戒烟的综合服务体系建设较为落后。科学、权威、完整的烟草监测体系尚未建立，支撑控烟决策的基础信息较为匮乏。

三 烟草控制的指导思想、基本原则和主要目标

烟草控制关系亿万人民的健康，是重要的民生工程，也是一项艰巨复杂的系统工程，涉及面广，难度很大。推进我国烟草控制工作，必须科学判断和准确把握经济社会发展趋势和烟草控制形势，充分利用各种有利条件，加快解决突出矛盾和问题，有计划有重点地全面推进烟草控制工作。

（一）指导思想

推进我国烟草控制工作要以邓小平理论、“三个代表”重要思想、科学发展观为指导，坚持以保障人民健康为中心，以减少烟草需求和控制烟草供给为主线，以全面推行公共场所禁烟为重点，以完善控烟法规，深化控烟宣传，加强烟草危害警示，提高烟草价税，广泛禁止烟草广告、促销和赞助为抓手，着力推进创建无烟环境、预防青少年吸烟、转变吸烟习俗、提供戒烟服务、打击非法贸易等重点专项工程，持续降低人群吸烟率，有效减少烟草危害，全面提高公众健康水平。

（二）基本原则

1. 依法控烟，全面履约

逐步建立国家和地方公共场所禁烟法律法规体系，不断强化控

烟执法机制和能力建设，加快推进烟草控制工作法制化、规范化进程。全面履行《公约》明确规定的责任和义务，在减少烟草需求、供应和危害等方面不断取得新进展。

2. 政府主导，各界参与

把控烟作为各级政府的重要职责，广泛调动和鼓励社会公众参与控烟，强化政府监管和社会监督，建立“政府主导、部门配合、各界参与、有序推进”的控烟机制，增强控烟合力，营造全社会参与控烟的良好氛围。

3. 多措并举，协调推进

综合运用法律、经济、行政、教育、卫生等多种手段，注重各项政策措施的衔接配合，坚持减少烟草需求和减少烟草供应并举、预防青少年吸烟和促使吸烟者戒烟并举、规范合法烟草生产和打击烟草非法贸易并举，多层面、全方位、大力度协调推进我国控烟工作。

4. 突出重点，务求实效

结合国情，立足当前，着眼长远，循序渐进，优先抓好重点领域、重点场所和重点人群控烟工作，改进控烟手段，健全控烟网络，完善控烟机制，加大控烟力度，着力解决突出矛盾和问题，确保各项控烟措施取得实效。

（三）主要目标

1. 吸烟率持续降低

坚持“预防为主、防治结合”的方针，防止青少年吸烟，促使吸烟者戒烟，力争青少年吸烟率从2010年的11.5%逐步下降到8.5%以下，成年人吸烟率由2010年的28.1%下降到25%以下，其中：成年男性吸烟率有较大幅度下降，成年女性吸烟率维持较低

水平并有所下降。

2. 公共场所禁烟全面推行

加快创建无烟环境，室内公共场所、室内工作场所和公共交通工具全面推行禁烟，切实减少二手烟危害，力争使二手烟暴露率从2010年的72.4%逐步下降到60%以下。

3. 公众对烟草危害健康的认识显著提高

深化控烟教育宣传，促使吸烟和被动吸烟有害健康成为广泛共识，公众对吸烟会导致肺癌、心脏病和脑卒中以及吸二手烟会导致成人肺癌、成人心脏病和儿童肺部疾病的知晓率从2010年低于25%逐步提高到60%以上。

4. 烟草制品非法贸易得到有效遏制

始终保持烟草打假打私高压态势，有效控制烟草制品非法贸易量，力争把非法卷烟占国内市场的比重控制在4%以内，继续保持全球领先水平。

四　我国烟草控制的主要任务

结合我国经济社会发展的现实条件和未来趋势，实现烟草控制目标，必须重点抓好以下工作任务。

（一）全面推行公共场所禁烟

1. 健全公共场所禁烟法律法规

评估我国公共场所控烟法律法规的实施成效，研究制定全国性公共场所禁烟法律规定。推动地方加快公共场所禁烟立法进程，制定出台公共场所禁烟法规。修订完善部门控烟规章和措施，加快构建多部门综合控烟政策体系。

2. 加大公共场所禁烟执法力度

按照“主体明确、权责清晰、监督有力、运行高效”的要求，严格执行公共场所禁烟法律法规。加强执法队伍建设，探索执法模式，提高执法水平，不断加大执法力度。鼓励民间组织、舆论媒体和社会公众积极参与，实行违规投诉举报制度和责任追究制度，加大公共场所禁烟监督检查力度。

3. 加快无烟环境创建步伐

全面启动无烟环境创建工程，率先创建无烟医疗卫生机构、无烟学校、无烟办公楼。不断扩大公共场所禁止吸烟覆盖范围，努力实现大型活动无烟，逐步实现室内公共场所、公共交通工具和室内工作场所全面禁止吸烟。

专栏6：无烟环境创建工程

1. 创建无烟医疗卫生系统

发挥卫生部门示范带头作用，全面贯彻落实卫生部等四部门联合印发的《关于从2011年起全国医疗卫生系统全面禁烟的决定》，巩固无烟医疗卫生系统创建成果，实现全国所有卫生行政部门和医疗卫生机构全面禁烟。

2. 创建无烟学校

全面贯彻落实教育部办公厅、卫生部办公厅发布的《关于进一步加强学校控烟工作的意见》，在中等职业学校和中小学及托幼机构室内及校园全面禁烟，高等学校教学区、办公区、图书馆等场所室内全面禁烟。

3. 创建无烟办公楼

开展“无烟机关”“无烟企业”“无烟单位”创建活动，推动政府机关、企事业单位和社会团体室内场所全面禁烟。

4. 大型活动实现无烟

将大型运动会、体育赛事、博览会（展览会）等活动办成无烟活动。

（二）深入开展控烟宣传教育

1. 积极营造全社会参与的控烟氛围

广泛调动政府部门、民间组织和社会公众等各方力量，精心制作影像、音频、文字、图片等各类材料，宽领域、全覆盖、多形式、高强度地加强宣传教育，为推动全民控烟提供有力的舆论支撑和社会基础。

2. 进一步丰富控烟宣传教育的内容与形式

要充分利用电视、广播、报纸、杂志、网络等各种媒体，突出控烟主题，以警示烟草危害、转变吸烟习俗为目标，有效提高社会公众对吸烟危害健康的认识，着力培养不送烟、不敬烟、不吸烟的社会风气，引导公众减少消费需求，自觉远离烟草。

3. 强化控烟宣传教育的针对性和有效性

针对重点潜在吸烟人群，要组织开展“预防青少年吸烟”“女性远离烟草”“转变吸烟习俗”等专项宣传教育活动。发挥各领域知名公众人物的示范带动作用，提高控烟宣传教育的影响力。要强化对控烟宣传教育工作的评估、考核和奖励，保障控烟宣传教育持久深入开展。

专栏7：控烟宣传教育重点工程

1. 预防青少年吸烟

编写揭示烟草危害、预防青少年吸烟的宣传教育读本；拍摄以青少年为主要受众的介绍烟草危害和禁止吸烟的科教电影；将控烟宣传教育纳入各级各类学校健康教育计划；将烟草危害健康、戒烟、劝阻青少年吸烟等知识纳入相关教师培训内容。

2. 转变吸烟习俗

充分利用各类媒体和学校、社区、街道等宣传栏，广泛播放或张贴“送烟等于送危害”等公益广告，积极营造“不送烟、不敬烟、不吸烟”的社会风气。

3. 开展中国烟草控制大众传播活动

在全国范围内组织开展有关控烟的大型活动和控烟宣传报道作品征集评选活动，持续开展控烟公益讲座。

（三）广泛禁止烟草广告、促销和赞助

1. 广泛禁止烟草广告发布

禁止利用广播、电影、电视、报纸、期刊发布以及在各类等候室、影剧院、会议厅堂、体育比赛场馆等公共场所发布烟草广告。禁止变相发布烟草广告。进一步修订完善《广告法》和《烟草广告管理暂行办法》，将禁止发布烟草广告媒介和场所的范围扩大到互联网、图书、音像制品、博物馆、图书馆、文化馆等公共场所以及医院和学校的建筑控制地带、公共交通工具。

2. 广泛禁止烟草企业促销和赞助行为

广泛禁止烟草企业以支持慈善、公益、环保事业的名义，或者以“品牌延伸”“品牌共享”等其他方式进行烟草促销。电影和电视剧中不得出现烟草的品牌标识和相关内容，不得出现不符合国家有关规定的吸烟镜头。禁止烟草企业采用任何虚假、误导、欺骗手

段或可能对烟草制品特性、健康影响、释放物信息产生错误印象的手段推销烟草制品。禁止任何形式的烟草企业冠名赞助活动。禁止采用直接或间接的奖励手段鼓励购买烟草制品。

（四）不断强化卷烟包装标识健康危害警示

1. 加强卷烟包装标识管理

全面评估《中华人民共和国境内卷烟包装标识的规定》的实施效果，进一步改进卷烟包装标识。制定警示作用更强的卷烟包装标识样本，严格卷烟包装标识的审批和监管。严厉查处违反卷烟包装标识规定的行为。

2. 完善烟草危害警示内容和形式

严格执行卷烟包装标识健康警语定期轮换使用规定。增加说明烟草危害健康具体后果的警语，并标明警告主体或依据，提高健康警语的权威性和有效性。实施《公约》“烟草制品的包装和标签”条款要求的健康危害警示。

3. 提高健康危害警示效果

按照“大而明确、醒目和清晰”的要求，通过扩大警语占用面积、加大警语字体、增强颜色对比度等，切实提高烟草危害警示效果。逐步实施卷烟包装印制、戒烟服务热线等相关信息，积极提供戒烟咨询和帮助。

（五）切实加强烟草税收、价格和收益管理

1. 加强烟草制品税收管理

按照“抑制烟草生产供应，保证国家财政收入”的总体要求，严格烟草税收征管，确保烟草企业依法按时足额纳税。规范地方政府行为，防止为片面追求地方高税收对烟草企业采取不适当的鼓

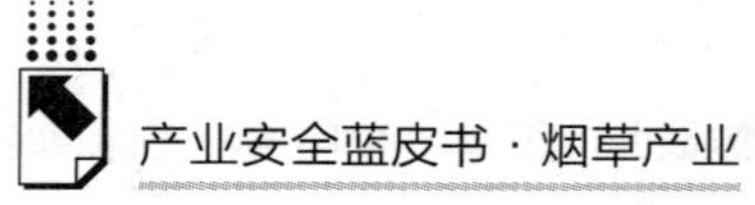

励、支持和保护措施。

2. 加强烟草制品价格管理

完善烟草制品价格形成机制，利用价格杠杆实现控烟目标。严格执行国家对烟草制品调拨价、批发价的统一管理，逐步加强对烟草制品零售价的指导力度，防止烟草经营主体利用价格手段促销烟草制品和追求高额利润。

3. 加强烟草企业收益管理

严格控制烟草企业成本费用，加大监督检查力度，防止不合理开支。完善国有资本经营预算，坚持按第一类标准对国有烟草企业收取国有资本收益。加强对烟草企业税后利润的使用管理，防止烟草企业盲目扩大生产能力。

（六）建立完善烟草制品成分管制和信息披露制度

1. 制订烟草制品成分管制措施

加大烟草制品检测力度，加强烟草控制科学和技术研究，借鉴国际先进经验和做法，提出检测烟草制品成分和燃烧释放物的方法、标准和程序，制订符合我国实际的烟草制品成分管制措施。

2. 加强烟草制品质量监督和检测检验

加强烟草实验室和烟草质检中心建设，改进检测检验方法，提升检测检验水平。全面加强烟草制品所使用的烟叶、辅助材料、添加剂等的质量监控，不断扩大烟草制品成分和燃烧释放物的检测范围和检测内容。

3. 完善烟草制品信息披露制度

修订烟草制品国家标准，研究烟草制品成分和燃烧释放物，完善向政府主管部门和向社会公开披露信息的有关规定。加强对信息

披露的监管，防止烟草企业发布虚假、误导、欺骗性信息，维护社会公众对烟草危害的知情权。

专栏8：烟草制品成分和释放物信息检测和数据库建设工程

1. 推动烟草实验室能力建设

充分利用现有烟草检验检测资源，促进国家级烟草质检中心能力提升，加强对烟草制品中有害成分检验方法的研究，提升检测技术水平。

2. 加强国际技术交流

跟踪烟草制品成分及释放物管制方面的经验及成果，组织实验室和有关专家，积极参与世界卫生组织烟草实验室网络（Tob Lab Net）和第九条、第十条工作组的工作。

3. 逐步建立烟草制品成分和释放物信息披露数据库

根据《公约》准则的建议，在技术允许的条件下，逐步披露烟草制品设计参数、组成成分和释放物方面的信息。要求烟草制品生产商和进口商向政府逐步披露有关烟草制品的特点。根据披露政策要求，不断更新和完善信息披露数据库，打造信息披露支撑平台，推动履约工作开展。

（七）有效打击烟草制品非法贸易

1. 巩固完善联合打假打私机制

加强烟草、公安、海关、司法、工商、质检等部门协调配合和地区之间相互支持，共同打击烟草制假、售假、走私等各种违法犯罪行为。对收缴的走私烟、假烟实施销毁，防止流入市场。加强国际及港、澳特区合作，有效打击跨国、跨境烟草制品非法贸易活动。

2. 始终保持打假高压态势

坚持把“端窝点、断源头、破网络、抓主犯”作为烟草打假的突出重点，持续加大打假工作力度，摧毁生产源头制假能力，切断制假原辅材料供应链，消除流通环节运输分销假烟网络，加大对犯罪人员抓捕追刑力度，加强对零售市场的监管，最大限度地减少烟草制品非法贸易量。

3. 有效提高打假打私能力和水平

积极利用现代信息技术和手段，健全情报网络，完善举报制度，拓宽案件来源。加强行政执法与刑事司法的衔接，营造良好执法环境，提高涉烟刑事案件办理质量。加强烟草专卖执法队伍建设，开展专卖法律法规、业务知识和职业道德培训，提高依法行政、文明执法的能力和水平。

专栏9：打击烟草制品非法贸易工作重点

1. 打击生产源头制假活动

坚持把打击假烟生产源头作为烟草打假的重中之重，巩固和扩大制假重灾区打假成果，密切关注制假活动新动向，严防制假转移扩散。

2. 打击制假原辅材料供应链

适时组织开展打击非法经营烟叶违法犯罪活动专项行动，有效切断制假窝点的烟叶来源。

3. 打击利用互联网等信息网络非法经营烟草专卖品

烟草、通信、公安、工商等部门密切配合，有效加强对互联网涉烟活动的监管和查处。

4. 打击利用物流运输非法经营烟草专卖品

烟草、交通、邮政、民航等部门密切配合，加大对铁路货运

站、汽运中转站、机场、港口等运输枢纽及高速公路的监管检查力度，有效切断非法烟草专卖品运输通道。

（八）积极提供戒烟服务

1. 健全戒烟服务体系

鼓励医院设立规范的戒烟门诊，提供临床戒烟服务。加强戒烟服务公共设施建设，建立覆盖全国的戒烟门诊协作网络，加强合作交流，推动资源共享。建立免费的戒烟热线，提供简便可行的戒烟建议和各种戒烟服务信息。

2. 提高戒烟服务能力

完善临床戒烟指南，编制戒烟培训教材，加强对医务人员的培训，提高戒烟服务的质量和水平，促进戒烟服务的专业化、规范化。支持开展戒烟药物和戒烟技术研究开发并推广应用。

3. 加强戒烟服务管理

卫生行政部门对各级各类医疗机构开展戒烟服务进行统筹规划和监督管理。逐步探索实行戒烟服务产品和服务准入管理。

专栏10：提升戒烟服务能力重点专项

1. 编制中国临床戒烟指南

根据国内外实践和科学证据，编写和发布中国临床戒烟指南，指导临床医务工作者开展戒烟实践。

2. 全面开展戒烟知识培训

编写标准化戒烟培训教材，全面开展对医务人员的戒烟知识培训，提高戒烟服务质量和水平。

3. 建立戒烟门诊和戒烟热线协作网络

建立“覆盖广泛、资源共享、信息互通、协调互动”的戒烟门诊协作网络，制定并推广戒烟门诊操作规范，建立免费戒烟热线、网络。

（九）加快建设烟草监测监控信息系统

1. 建立烟草流行监测信息系统

借鉴国际标准和做法，建立统一、规范、权威的烟草流行监测体系，开展专项调查和研究，在居民健康调查项目中，增加烟草使用情况的调查内容。准确掌握不同性别、不同年龄、不同职业、不同地区人群吸烟率状况，充分了解烟草消费的人口特征和行为心理特征，科学预测烟草流行变化趋势、消费模式、影响因素及后果，加强烟草危害研究，为制定烟草控制政策、评估烟草控制效果提供系统全面、准确可靠的信息支撑。

2. 完善烟草制品生产销售监测体系

利用现代技术手段，在烟草制品包装上印制信息识别代码，实现全过程、全方位跟踪和监控。建立烟草制品生产流通预测预警和分析报告系统，准确把握烟草市场需求和供应动态，有效监测烟草制品生产、销售行为。

专栏11：烟草流行监测专项实施计划

1. 建立国家及省级烟草流行监测体系

争取到2013年底，初步建立国家和省、自治区、直辖市两级烟草流行监测体系。

2. 组织烟草流行监测专业培训

全面组织对监测体系人员的专业培训。

3. 开展烟草流行情况调查

在全国各省、自治区、直辖市抽取样本，全面开展烟草流行专项调查。

4. 开发和应用监测结果

分析整理监测结果，将监测结果广泛应用于学术研究、舆论宣传、社会监督和政策评价，向决策部门提交控烟工作进展报告，并向社会公众广泛传播。

五　保障措施

本规划是我国烟草控制工作的行动纲领。要采取切实有力的保障措施，探索体制机制创新，确保完成规划提出的各项任务，实现规划目标。

（一）加强组织领导和统筹协调

1. 加强履约机制建设

要充分发挥履约工作部际协调领导小组的作用，加强与相关部门的协调配合。要针对我国烟草控制工作的新形势、新挑战、新任务，进一步完善《公约》履约协调机制。要加强履约成员单位队伍建设，培养、充实专门人才，保证控烟工作的持续性和稳定性。

2. 进一步强化控烟职责

要充分认识加强烟草控制工作的重要性、紧迫性和艰巨性，切实增强责任感和使命感，将烟草控制摆上重要议事日程，纳入部门重点工作。要加强对本规划实施工作的组织领导，细化工作方案，明确实施步骤，推进控烟工作。同时要积极引导新闻媒体、社会组织和广大公众参与烟草控制，创造良好控烟环境。

（二）加大控烟工作的投入力度

1. 建立烟草控制资金投入保障机制

要加大财政资金投入力度，支持烟草控制工作，确保政府在烟草控制工作中的主导地位。要鼓励社会资金支持控烟工作，开辟多渠道资金来源，建立多元化的烟草控制投入机制。

2. 保障重点任务和基础性工作的开展

要提高烟草控制资金的使用效益，严格执行财经制度，重点支持无烟环境创建、控烟宣传教育、打击烟草制品非法贸易、提升戒烟服务能力、烟草制品成分管制和信息披露等重点专项工程。要加强烟草控制基础性工作的投入，重点加强烟草流行监测信息系统建设、人才队伍建设和烟草控制政策效果评估等工作。

（三）进一步加强烟草行业管理工作

1. 加强卷烟和烟叶生产总量控制

要合理确定烟叶和卷烟生产计划指标，严格按照计划组织烟叶收购和卷烟生产，严肃查处违反计划管理的生产经营行为。

2. 严格实施烟草专卖和许可证制度

从事烟草专卖品生产、销售、进出口业务必须依法取得许可证，运输烟草专卖品必须依法取得准运证。要加强对卷烟销售市场

的监督检查，坚决取缔无证经营。

3. 加大烟草产业结构调整力度

要继续推进烟草行业改革，压缩烟草企业和卷烟品牌数量，控制新增投资和生产能力。鼓励烟叶产区发展烟叶替代作物，压缩烟叶种植区域，努力为转产烟农提供切实可行的支持和帮助。要努力降低地方财政对烟草产业的依赖度，严格限制各种鼓励烟草发展的扶持政策，促进烟草产业转型发展。

（四）加强控烟工作交流与合作

1. 积极参与烟草控制国际事务

积极参加《公约》缔约方会议和相关国际会议，更加有效地参与烟草控制政策、规则、标准的研究和制定。加强全球性、区域性烟草控制合作。

2. 加强国内烟草控制协作交流

促进政府部门、科研教育、医疗卫生、新闻媒体、社会组织等机构间的合作与交流，广泛听取社会各界的意见和建议，加强与港澳特区在烟草控制方面的合作与交流，不断总结烟草控制经验，持续改进烟草控制措施，全面推进烟草控制工作。

六　规划实施

本规划由工业和信息化部、卫生部、外交部、财政部、海关总署、国家工商总局、国家质检总局、国家烟草专卖局会同有关部门负责实施。各相关部门要认真做好规划宣传贯彻工作，加强政策协调和信息沟通，及时解决规划实施过程中遇到的问题，确保各项任务和措施落到实处。

各地相关部门要精心组织，分解目标任务，落实相关配套措施，积极推进本地区烟草控制工作。

新闻媒体要发挥舆论导向和监督作用，积极营造良好氛围，引导公众参与烟草控制活动。相关研究机构要充分发挥烟草控制监测网络的作用，加强信息搜集和分析，协同推进规划的贯彻落实。

中国皮书网

www.pishu.cn

发布皮书研创资讯，传播皮书精彩内容

引领皮书出版潮流，打造皮书服务平台

栏目设置：

- □ 资讯：皮书动态、皮书观点、皮书数据、 皮书报道、皮书新书发布会、电子期刊
- □ 标准：皮书评价、皮书研究、皮书规范、皮书专家、编撰团队
- □ 服务：最新皮书、皮书书目、重点推荐、在线购书
- □ 链接：皮书数据库、皮书博客、皮书微博、出版社首页、在线书城
- □ 搜索：资讯、图书、研究动态
- □ 互动：皮书论坛

中国皮书网依托皮书系列“权威、前沿、原创”的优质内容资源，通过文字、图片、音频、视频等多种元素，在皮书研创者、使用者之间搭建了一个成果展示、资源共享的互动平台。

自2005年12月正式上线以来，中国皮书网的IP访问量、PV浏览量与日俱增，受到海内外研究者、公务人员、商务人士以及专业读者的广泛关注。

2008年、2011年中国皮书网均在全国新闻出版业网站荣誉评选中获得“最具商业价值网站”称号。

2012年，中国皮书网在全国新闻出版业网站系列荣誉评选中获得“出版业网站百强”称号。

“皮书”起源于十七、十八世纪的英国，主要指官方或社会组织正式发表的重要文件或报告，多以“白皮书”命名。在中国，“皮书”这一概念被社会广泛接受，并被成功运作、发展成为一种全新的出版形态，则源于中国社会科学院社会科学文献出版社。

皮书是对中国与世界发展状况和热点问题进行年度监测，以专业的角度、专家的视野和实证研究方法，针对某一领域或区域现状与发展态势展开分析和预测，具备权威性、前沿性、原创性、实证性、时效性等特点的连续性公开出版物，由一系列权威研究报告组成。皮书系列是社会科学文献出版社编辑出版的蓝皮书、绿皮书、黄皮书等的统称。

皮书系列的作者以中国社会科学院、著名高校、地方社会科学院的研究人员为主，多为国内一流研究机构的权威专家学者，他们的看法和观点代表了学界对中国与世界的现实和未来最高水平的解读与分析。

自20世纪90年代末推出以《经济蓝皮书》为开端的皮书系列以来，社会科学文献出版社至今已累计出版皮书千余部，内容涵盖经济、社会、政法、文化传媒、行业、地方发展、国际形势等领域。皮书系列已成为社会科学文献出版社的著名图书品牌和中国社会科学院的知名学术品牌。

皮书系列在数字出版和国际出版方面成就斐然。皮书数据库被评为“2008~2009年度数字出版知名品牌”;《经济蓝皮书》《社会蓝皮书》等十几种皮书每年还由国外知名学术出版机构出版英文版、俄文版、韩文版和日文版，面向全球发行。

2011年，皮书系列正式列入“十二五”国家重点出版规划项目；2012年，部分重点皮书列入中国社会科学院承担的国家哲学社会科学创新工程项目；2014年，35种院外皮书使用“中国社会科学院创新工程学术出版项目”标识。

法律声明

“皮书系列”（含蓝皮书、绿皮书、黄皮书）由社会科学文献出版社最早使用并对外推广，现已成为中国图书市场上流行的品牌，是社会科学文献出版社的品牌图书。社会科学文献出版社拥有该系列图书的专有出版权和网络传播权，其 LOGO（ ）与“经济蓝皮书”、“社会蓝皮书”等皮书名称已在中华人民共和国工商行政管理总局商标局登记注册，社会科学文献出版社合法拥有其商标专用权。

未经社会科学文献出版社的授权和许可，任何复制、模仿或以其他方式侵害“皮书系列”和 LOGO（ ）、“经济蓝皮书”、“社会蓝皮书”等皮书名称商标专用权的行为均属于侵权行为，社会科学文献出版社将采取法律手段追究其法律责任，维护合法权益。

欢迎社会各界人士对侵犯社会科学文献出版社上述权利的违法行为进行举报。电话：010－59367121，电子邮箱：fawubu@ssap.cn。

社会科学文献出版社